TARDES
de MAIO

CARMEN O.

TARDES de MAIO

TALENTOS DA LITERATURA BRASILEIRA

São Paulo, 2017

Tardes de maio
Copyright © 2017 by Maria Carmelita Pereira de Oliveira
Copyright © 2017 by Novo Século Editora Ltda.

COORDENAÇÃO EDITORIAL Vitor Donofrio	EDITORIAL Giovanna Petrólio João Paulo Putini
AQUISIÇÕES Cleber Vasconcelos	Nair Ferraz Rebeca Lacerda
PREPARAÇÃO Fernanda Guerriero Antunes	DIAGRAMAÇÃO Rebeca Lacerda
REVISÃO Larissa Caldin	CAPA Dimitry Uziel

Texto de acordo com as normas do Novo Acordo Ortográfico
da Língua Portuguesa (1990), em vigor desde 1º de janeiro de 2009.

Dados Internacionais de Catalogação na Publicação (CIP)

Oliveira, Maria Carmelita Pereira de
    Tardes de maio / Carmen O. -- Barueri, SP : Novo Século
Editora, 2017. (Coleção Talentos da literatura brasileira)

    1. Crônicas brasileiras 2. Poesia brasileira I. Título

17-0744   CDD-869.8

Índice para catálogo sistemático:
1. Crônicas e poesias   869.8

NOVO SÉCULO EDITORA LTDA.
Alameda Araguaia, 2190 – Bloco A – 11º andar – Conjunto 1111
CEP 06455-000 – Alphaville Industrial, Barueri – SP – Brasil
Tel.: (11) 3699-7107 | Fax: (11) 3699-7323
www.gruponovoseculo.com.br | atendimento@novoseculo.com.br

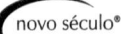

Um dia seremos fortes. Um dia. Mas não hoje
 (apaguei a luz e rezei para um Deus criança, sem
vícios, puro).

Para os sonhadores;
Para os obtusos;
Para os persistentes;
Para os peculiares;
Para os curiosos;
Para os sabotadores de tristeza;
Para os corajosos;
Este livro é todo seu.

Sumário

Ilusões · 13
Para W. · 14
Por mais · 16
O amor revés · 17
Anjos · 18
O sopro fatal · 19
Para sempre · 21
André · 23
Luísa · 26
Danger · 27
O que ficou · 28
Íris · 29
Obrigada · 30
Caos · 31
Antônio, o apaixonado · 32
A lama e a luz · 34
O leitor · 36
F 20.0 · 39
Rouba-bandeira · 41
Enferlicidade · 42
Envelheça, mas brinque · 44
Rivotril · 45
Divindade · 46
Lilith · 48
Segunda chance · 49
Púrpuras · 51

Lúcio, a luz · 53
Poeminha e suspiro · 54
Gabo · 55
Ruivinha · 57
Meninas · 58
O menino é uma flor · 59
Anna O. · 60
Os finais · 61
Queremos · 62
Fotografia · 63
O sentido, há? · 65
Gata despudorada · 67
Mineirando · 68
Pub · 70
Empatia · 72
Vinte e sete anos · 74
Fibrilação atrial · 76
Instantes · 79
Crônica de dois perdidos · 80
Dona de si · 83
Alados · 84
Seu Flô · 86
Propina · 88
Na manjedoura · 90
A notícia · 92
Tem · 93

Frida, o sorriso · 94
Nem Clarice... · 96
Id · 98
Bicho · 99
Pobres mortais · 100
Théo, mas não é Deus · 101
Chiquinha · 102
ELA · 103
Sara · 105
Amor, é? · 106
Uma xícara · 107
Percepção · 108
Érica, Roque Enrow · 110
Atemporal · 112
Tiradentes · 113
As músicas de Deus · 115
O Deus ausente · 116
A janela · 118
Existencial · 120
Caio · 122
Quem salva · 125
O pequeno mal · 127
Amor-próprio · 128
Confetes · 129
Jab · 130
Para os abstratos... · 131
Runnig · 132
Antero, o encantador de cavalos · 134
Julieta e seus homens · 136
Suspensos · 138
O mendigo · 139
HSAE · 140
Ansiosos · 141
Ateu à toa · 143
Rute, a lembrada · 144
O essencial · 146
Herege · 147
Dente-de-leão · 148
Lady Gaga · 149
Réveillon · 152
Paz · 155
Catarse · 156
Luana · 157
Judite, com açúcar · 161
Alex · 162
Nas Geraes · 163
Fatal · 164
Amigas · 165
E... se... · 166
Escritores · 167
Deus, o anjo e a alegria · 168
Cactos azuis · 169
Armadura de papel · 170
Febre · 171
Permita-me · 173
Politrauma · 174
Vicente, com manteiga · 175
Mário · 178
Frágil · 180

Elas · 181

O menino que
nunca cresceu · 183

Origami · 185

Denise · 187

Mulheres · 190

La petit · 192

O texto, sem contexto · 193

Ponto de equilíbrio · 195

Girassol e pó · 196

Libertina · 198

Insólito · 200

Vejo você · 201

Tente, mil vezes · 202

O dia seguinte · 204

Sapiens (?) · 205

Evy · 206

Morfeu · 207

Postumamente · 209

O hiato · 210

Porque eles
não envelhecem · 212

Zeca, o Zeus · 214

Epitáfio · 216

Meu querido Buk · 217

Madrugada plúmbea · 218

Evolução · 220

Canteiros · 222

A partida · 224

Extremos · 225

Marlboro, baixos teores · 226

Ester · 227

Geraldinho e seus risos · 228

Lud · 231

Sertralina · 234

Uma vida clean · 236

Amarelas e vermelhas · 238

Ilusões

Se ele soubesse a falta que me faz
não teria ido embora tão cedo...
Se ela soubesse como tenho medo
não teria soltado minha mão.
Se eu soubesse que causava câncer
teria parado de fumar...
Se eu soubesse que a curva era acentuada
não teria acelerado.
Se eu soubesse que seria tão difícil
teria estudado mais.
Se eu soubesse que a verdade dói tanto
teria mentido, de leve.
Se eu soubesse que era você
teria te amado mais.
Se eu soubesse que pegaria fogo
apagaria a vela.
Se eu soubesse que era Smirnoff Ice
teria tomado vinho.
Se eu soubesse que era choque séptico
teria começado a tomar o antibiótico.
Se eu soubesse como viver é custoso
não perderia tanto tempo assassinando meus dias.
O problema é que a gente nunca sabe...
E assim, aos tropeços, vive
de ilusões.

Para W.

O silêncio das coisas não ditas
O amor oculto
O medo não revelado
O sorriso que eu queria dar e guardei
pra você
As horas infinitas procrastinando
Pensando no que você estaria pensando
Eu vejo um lírio e penso em você
Mas você nem gosta de lírio
Você gosta de coisas trágicas
Mundanas e
dramáticas
Como um choro numa novela mexicana
Como uma puta que escreve com o próprio
          [sangue
no espelho do bar
Mas mesmo assim
eu penso em você
Na sua falta de fé
Na sua ausência tão sentida
Na sua fome de morrer e de viver ao mesmo tempo
Nos seus sonhos suicidas
Na sua alma inquieta
Que só revela ao avesso a sua carência
Sua maturidade precoce
misturada com sua inocência
As pessoas podem ser muito, muito más...
Você ainda, estranhamente, acredita nelas

De mim, só posso te dizer...
Amo você
Uma espécie de amor...
Em uma categoria
ainda não inventada.

POR MAIS

Parei em frente ao box e fiquei olhando...
82 anos,
5 filhos,
12 netos...
Parei em frente ao box e fiquei olhando
Uma vida de trabalho
e sacrifício...
Um câncer aos 60.
Parei em frente ao box e fiquei olhando...
Ela gostava de ouvir Frank Sinatra
Ela gostava de andar na chuva na juventude
Ela gostava de batom vermelho.
Parei em frente ao box e fiquei olhando
Os cabelos brancos que já foram castanho-claros
Os olhos fechados que já choraram tantas vezes
      [de alegria, de dor...
Parei em frente ao box e fiquei olhando...
A hipoxemia
As aminas em dose máxima...
A anúria
A hipotermia
A assistolia
Parei em frente ao box e senti...
A morte lentamente se aproximando...
Porque um dia
Por mais que você ame
Por mais que você tente
Eles se vão...

O AMOR REVÉS

Fazia um tempo que eles não se viam
Brigaram por uma banalidade qualquer
Era um amor louco
Uma insensatez gostosa
Mas os sonhos não batiam
A independência de um
Feria a dependência do outro
Resolveram seguir em frente
Vidas
Esquecimento
Poeira na memória
Encontraram-se quinze anos depois
Eles se olharam, cumprimentaram-se
E pensaram:
Não tinha como dar certo mesmo
Já maduros descobriram
Que algumas coisas
Só ficam realmente bonitas
No passado
O presente é sem filtro
E expõe todas as suas
Cicatrizes.

Anjos

Pessoas que são elegantes até com moletom
       [rasgado
Pessoas que sorriem tendo uma vida de cão
Pessoas que se doam, mas não recebem nem um
       [bom-dia em troca
Pessoas que tinham tudo para desistir, mas
       [continuam tentando
Pessoas que são gratas, apesar de toda burrice e
       [estupidez em volta
Pessoas que se protegem mesmo molhando na
       [chuva
Pessoas que não se importam com a opinião
       [maldosa dos outros
Pessoas que querem ser felizes apesar de...
Resiliência é a palavra
Não é fé...
A capacidade de se levantar sozinho
De gerar luz própria
Desperta-me profunda admiração
Há quem acredite realmente na vida
Há quem desperte o melhor de nós
Sem dizer uma palavra sequer.

O SOPRO FATAL

Primeiro vem a vertigem...
Depois a náusea
Sensação de opressão...
Angústia
Voltei torporoso
Aéreo
Eu não queria morrer...
Aquela dor no peito que não finda...
"Não tem analgésico nenhum aqui?"
"Tem"
Não é possível...
Eu não quero essa dor pra mim
Estou com muito medo
Então ela vem
Com um sorriso e diz
"Vai dar tudo certo"
"Doutora, a dor não passa
Agora é nas costas"
Ela ausculta e o sorriso desaparece do seu rosto
A música que ela ouve, seja qual for,
não é bonita
É dramática e sombria
Só a ouço dizer
"É um ruflar diastólico"
Deram-me morfina de novo...
Veio o cirurgião
"Vamos te operar"
Quis correr

Não aguento tanta dor
No meio de gente estranha
Todos querendo me ajudar
Mas cadê você?
Antes que eu pudesse dizer alguma coisa
Despedir-me talvez
Convulsionei
Parei...
Reanimaram-me, tentaram tanto...
Mas a morte veio suave...
Aquela dor passou...
Meu medo passou
No atestado: dissecção da aorta...
Rompi meus folhetos
Rompi minha frágil
Existência...

Para sempre

Entrei no quarto e ela soltou um gritinho
77 anos
Demência
Alzheimer
Olhou-me como uma criança assustada
Estava salgada, sódio alto
Esquecia até de beber água
O marido, todo carinhoso
O filho, cansado
A filha, falecida
de morte trágica
Peguei em suas mãos
Mãos enrugadas de velha
Mãos com histórias
que acalentavam
Ela levantou o olhar e riu
Como se de alguma forma
me quisesse buscar no limbo da sua memória
Passei a mão em seus cabelos
Ela sorriu de novo
Um verdadeiro e sofisticado mecanismo de defesa
Esquecer
Guardar
Ignorar
Lá, bem no fundo
Do baú do meu hipocampo
Abafem o meu sistema límbico
Eu quero, eu preciso

Negligenciar tanta dor
Eu deprimo
Eu demencio
Eu me esqueço de você
Eu me esqueço dela
Eu me esqueço da vida
Mas ninguém é imune
Ao toque
Ao que nos resgata
de nós mesmos
Como diria Alexander Pope:
"Quão feliz é o destino de um inocente sem culpa. O mundo em esquecimento pelo mundo esquecido. Brilho eterno de uma mente sem lembranças. Cada orador aceito e cada desejo renunciado".

André

O telefone tocou.

Doutora, é do pronto-socorro. TCE* grave seguido de parada cardíaca.

O corpo já entra em completo estado de alerta. A suprarrenal já começa a liberar doses generosas de adrenalina.

Alguns minutos depois chega o resgate trazendo a vítima, um rapaz de 26 anos.

Ele chega com crises convulsivas, apesar de já estar totalmente irresponsivo. Sinto uma corrente fria, gelada, percorrer minha coluna... e já sei que essa sensação nunca é boa.

André estava indo para o trabalho – era cabeleireiro – em sua moto.

Ele gosta de velocidade, como qualquer jovem.

Na esquina da avenida principal, bateu de frente com um caminhão. Pronto, não precisava de mais nada.

Teve parada cardíaca no local. Quando o resgate chegou, não se sabe havia quanto tempo, estava "desligado". Ao dar entrada no hospital, continuava inconsciente. A equipe médica continuou tentando e ele, ou seja lá o que sobrou dele, voltou.

Aparentemente, sem outras lesões tão graves.

André é um rapaz alegre, com uma infinidade de amigos. Trabalha deixando as pessoas bonitas e felizes.

---

* Traumastismo Cranioencefálico

Aos 20 anos é só o que nos resta: sorver a vida de canudinho.

Aos 20 anos o que temos pela frente é a eternidade, e morrer nem de longe é uma opção.

Não fosse a fatalidade...

Após três dias de sedação pesada para conter as crises convulsivas, esta é retirada.

Agora sem crise, sem foco epileptogênico nenhum... mas também sem André. Ele não acordou... ele não tinha reflexos.

Ele aparentemente não estava mais ali.

Chama-se a família para o pior tipo de conversa que pode existir dentro de um CTI: explicar o processo de morte encefálica.

Tentar, no meio de uma avalanche de emoções, exprimir que a pessoa tecnicamente morreu, mas o coração ainda continua batendo.

Ele está e não está. É difícil mesmo de entender.

O pai permaneceu mudo; o namorado, inerte, suspenso no ar; mas a dor da mãe era de uma força sem parâmetros, sem escala, sem classificação.

Não existe nada mais pungente do que o amor, a fé e a coragem de uma mãe quando vê seu filho partir.

Chorando, ela disse: "Eu sei que ele vai acordar... Eu sei que vai acontecer um milagre, meu filho é jovem. É errado os filhos irem antes dos pais, doutora".

Fiquei meio tonta com aquilo tudo.

É uma transgressão de vida. Mas, infelizmente, pessoas cheias de vida e sonhos também partem, são arrancadas de nós. E deixam um precipício na nossa alma.

Ele não queria, ninguém queria, mas ele se foi.

Não vemos tantos milagres como as pessoas acreditam que ocorra dentro de um CTI.

O que eu vejo todos os dias é uma equipe de profissionais tentando a todo custo, por vezes cansados, manter a vida, seja ela de que forma for.

Mas a morte quando vem é inexorável, é mal-educada, grosseira. Entra e não pede licença... E colhe uma vida tão desinteressadamente como quem colhe uma amora no pé.

André se espalhou em mais sete pessoas. Doou seus órgãos.

Doou-se em vida, fazendo os seus felizes.

Doou-se em morte, fazendo estranhos não perderem a fé.

André continuou vivo. Porque, afinal de contas...

Morrer é só não ser visto.

Luísa

Levante-se,
A vida já foi muito exigente
com você
Já nasceu perdendo
uma mãe
Proteção
Talvez até um amor que faltou
Amor que na sua ausência
te faz assim
Querendo mais
Buscando avidamente
Essa falta ninguém supre
Mas você ri
Você quer uma identidade
Que não seja só um CPF
Nem um RG
Nem o cadastro na biblioteca da faculdade
Quem é você no mundo?
Você se olha no espelho
E apesar de linda
Não encontra a resposta
Seja leve
Seja solta
Seja sutil
A resposta virá
Como um sopro, como uma brisa
Em um fim de tarde
Despretensioso.

Danger

Flor, cuidado
Se pisarem em suas pétalas
Não há muito o que fazer
Vão sobrar só seus espinhos
Afiados
Não floresça para quem não merecer
Espere sua primavera chegar
Enquanto isso
No calor
No verão
No suor
Brinque
Amanheça
Aconteça
E deseje
Ardentemente
Ser, viver e amar
Flor e ser.

O QUE FICOU

Uma saudade constante
De ti
Da fumaça do seu cigarro
Da marca de batom no copo
Do seu perfume cítrico
Do sorriso enviesado quando eu falava
Uma bobagem qualquer
Saudade
De quando você deixava a taça
Suja de vinho no chão da sala
Você cantando Elis...
Do seu jeito de acariciar o cachorro
Você ficava linda
Olhando pela janela
Aquele olhar vazio, longe
Sabe-se lá Deus onde estava você...
Não sentimos falta dos grandes momentos
Com fogos de artifício e champanhe
O que corrói nossa alma como ácido
São os detalhezinhos cotidianos
As pílulas, as doses homeopáticas
De amor.

ÍRIS

Olhar terno
Olhar dissimulado, oblíquo, de Capitu
Olhar de alegria
Olhar de espanto
Olhar de gratidão
Olhar de aprovação
Olhar de medo
Olhar de psicotrópico, embotado
Olhar de desejo
Olhar de brilho, de vida
Olhar de nojo
Olhar de súplica
Olhar de ambição
Olhar vazio
Olhar de desespero
Perdido...
E o seu...
O que você vê?
A mim, a ti?
O que reflete sua alma?
Seu olhar...
O que você enxerga quando está sozinho
No escuro?

OBRIGADA

Agradeço
Pelo sol que faz a fotossíntese na minha orquídea
Ao motorista de táxi, por desviar da poça d'água e não me molhar naquele dia de chuva
Obrigada a você
Por ter sido tão miserável e mesquinho
Não preciso ser como você
Agradeço
À minha cachorra, por ser meu despertador todas
      [as manhãs
Obrigada a você
Pelo chifre e pelo amor rejeitado
Descobri pessoas melhores
Obrigada ao guarda de trânsito pela multa
Eu morreria correndo louca assim
Ao produtor de uvas
Obrigada pelo vinho que religiosamente
Me deixa bêbada
Quanta gratidão à podridão
Ao adubo que me torna cada dia
Dias de chuva e dias de sol
Um ser tolerável
Quem sabe até amável e
Melhor.

Caos

Mariana...
Paris...
Qual a mensagem que não entendemos?
De onde vem tanto descaso?
Tanto ódio?
Pessoas tratadas como papel.
Você está em um dia ensolarado qualquer...
Vivendo...
Morre soterrado, lama, minério...
Você está numa boate, dançando
Celebrando a vida
Morre explodido por um terrorista
Louco.
Qual o propósito disso tudo?
O que estamos fazendo com a nossa existência?
Irmãos mortos.
Deixamos de ser civilizados
Deixamos de nos comover
Deixamos de ouvir
Deixamos de ver
Banalizou-se a brutalidade
Sangue
Dor
Lágrima.
Por quê? Por quem?
Perdemos nossa identidade
Fomos abandonados
Por nós mesmos.

Antônio, o apaixonado

– Doutora, me explica esse troço de infarto.
– É quando deixa de chegar sangue e oxigênio, por alguma razão, em determinada área do seu coração e o músculo começa a morrer.
– Hhhuuummmm.
(silêncio por uns longos segundos...)
– E quando deixa de chegar amor?
– Olha aqui, Seu Antônio, sugiro marcarmos uma rodada de vinho porque essa resposta eu não tenho; e, na pior das hipóteses, a gente faz poesia, ok?
– Doutora...
– Diga.
– Foi amor ressentido.
– O quê?
– Meu infarto.
– Foi torresmo e cigarro.
– E a senhora acha que eu comecei a me matar como? Chiquinha me largou!
(ele começou a chorar)
– Seu Antônio, faz quanto tempo isso?
– 30 anos. Eita mulher danada.
– Nossa, Chiquinha entendia do riscado, hein!?
(ele enxugou o rosto com a colcha)
– Chiquinha fugiu com Joaquim, meu melhor amigo. Fui duplamente chifrado!
– Todo mundo tem uma Capitu na vida!
(ele riu)
– A senhora gosta de vinho tinto ou branco?

– Tinto.

– Tá bom.

Dias depois da alta chega um Cabernet Sauvignon pra mim, presente dele. No bilhete: "Sempre vou amar aquela ingrata, prefiro mil infartos do que a dor de tê-la perdido".

Bebi o vinho.

Existem homens apaixonados...

Existem Bentinhos por aí.

A LAMA E A LUZ

Hoje aconteceram coisas estranhas
No prazo de 24 horas
Infinitos minutos
Você sente a morte
Você sente o descaso
E você houve o choro abafado
As bombas apitam
As bombas explodem
A cidade luz
As bombas piscam no meu CTI
Também tenho meus mortos
As famílias cheias de esperança
Também sofro com a juventude perdida
Dela
Anticorpos
Corpos
Sepse
Terrorismo
Lama
Vale
Vale?
Alma
Queremos ir para o céu
Mas não queremos morrer
A dor de lá
A dor de cá
Todos nós tentamos
E no meio do caos

Da bagunça
Do cheiro de putrefação
Nasce uma flor
Que ninguém vê
Ela teima em viver
Mas, inadvertidamente, pisamos
Em cima
Massacramos nossa esperança
Com o indivisível cotidiano.

O LEITOR

Dei três batidas na porta, entrei.
Vi duas mãos segurando um livro e um topetinho ruivo atrás.
– Bom dia! – arrisquei.
A mãe respondeu:
– Oi, doutora. Bom dia!
Ele continuou calado, lendo, ignorando-me com louvor.
– Filho, a doutora veio te ver.
Ele continuava fingindo que eu não existia.
– Eu também fico assim quando o livro é bom. Volto outra hora – disse.
A mãe, envergonhada, se desculpava.
Bernardo, 22 anos, osteossarcoma com metástases pulmonares. Era atleta, jogador de vôlei. Era o "Fire" no time. Era. Um dia, durante uma partida intermunicipal, começou a mancar e caiu no chão gritando de dor justamente no momento de defender uma cortada. Perdeu a defesa, perdeu o ponto, perdeu o jogo, perdeu a motivação. O diagnóstico veio certeiro como um saque: câncer nos ossos.
Desde então se fechou como uma ostra. Hermético. Não perdoava quem quer que fosse por um destino tão cruel. O silêncio era sua forma de se relacionar com o mundo. Fazia faculdade de Letras. Um leitor compulsivo. Em nosso primeiro "contato" lia *Cem Anos de Solidão*, do Gabriel García Márquez.

Resolveu se refugiar em Macondo. O problema é que lá também tinha dor.

Percebi que não conseguiria muita coisa com um estetoscópio e um sorriso no rosto. Médicos sabem ser bem chatos e inconvenientes às vezes. Então como chegar perto? Como adentrar o mundo restrito desse moço?

Na segunda vez, enquanto ele dormia, voltei e coloquei em cima do criado-mudo o livro *Memórias de Minhas Putas Tristes*, do mesmo autor que ele gostava. Definitivamente não era um livro de autoajuda. Mas Bernardo já estava cheio de palavras de incentivo e comiseração. Deixei um bilhete em cima do livro: "Quando quiser discutir a obra me chama" e bati o carimbo. À tarde a mãe me encontrou no corredor quase que alegre.

– O Bê quer te ver, doutora.

Entrei no quarto e ele estava segurando o livro.

– Obrigado pelo livro. Esse ainda não tinha lido.

Pronto. Agora eu já estava na sala daquela casa pouco frequentada. Limpei os pés e sentei no sofá do mundinho particular dele.

Acompanhei Bernardo com a oncologia durante dois meses. Nunca falávamos sobre a doença. Ele dava o tom das visitas. O assunto corria frouxo e prazeroso sobre literatura. Ele gostava também de Hemingway; eu pouco conhecia. Aprendi a gostar com ele. Ele não era muito de poesia. Apresentei a ele Bukowski. Achávamos Clarice uma louca.

Uma segunda-feira de manhã, depois de um fim de semana ausente, chego e encontro o quarto vazio.

– Doutora, ele morreu essa noite – disse a moça da limpeza.

Aquele bolo na garganta já era velho conhecido. Aquele gosto amargo na boca. Terminei de ver outros pacientes. Não fui para casa. Fui para uma livraria. Meu coração tão vazio, se alguém gritasse dentro de mim ouviria seu próprio eco. Eu era um galpão escuro. Breu.

Passei a tarde folheando Hemingway e tomando café. Minha maneira torta de me despedir. Minha maneira desajeitada de não esquecer você, Bernardo.

Cronificando-te.

F 20.0

O nome dela era Joana.
Joana não dava bola pra ninguém
Joana era retrô.
Absorta em si mesma.
Era esquizofrênica
Odiava crucifixos
Arrancava flores no asfalto
Roía as unhas
Pintava de roxo
Tinha ótimo gosto musical
Olhos verde-mel
Gostava de dançar na chuva
Tinha paranoia
Surtava e parava de comer
Daí bebia leite como um bezerro
Já deram choque em Joana
Parou de beber leite
E cismou em chupar os dedos
As falanges da sua mãe
Mania de ossos
Tocava violino
Chorava com Bach
Joana, minha querida...
Tão linda
Tão louca

Tão quetiapina
Você e seus devaneios
Sonho de cura
Que nunca virá.

ROUBA-BANDEIRA

O recreio do recreio...
A paz de espírito
A alegria que nós perdemos
E ninguém sabe dizer o motivo
Quando eu e você
Éramos crianças
Sujas
Raladas
Gargalhadas ao vento
Doces
Viver era assim, amarelo
O cheiro da mãe
A segurança do pai
Nosso maior medo era o abandono
(Ok. Continua sendo. Ninguém precisa saber)
Daí, um belo dia
Num piscar de olhos
Virou uma chatice
Um adulto preocupado
Com uma ruga no meio da testa
Que com dinheiro o botox apaga
Mas lá está sua alma impregnada de marcas
Indeléveis
A saudade profunda
De um riso fácil
Onde foi que fiquei pra trás?

Enferlicidade*

Acidose
Psicose
Aneurisma
Colecistite
Derrame pleural
Hepatite
Insônia
Churg-Strauss
Estenose aórtica
Sepse
AVC
Cirrose
Psoríase
Lúpus
Trombose
Esclerose lateral amiotrófica
Transtorno bipolar
Gonorreia
Alopecia
Stevens-Jonhson
Hemorroida
Câncer
A vida pode ter nomes mais bonitos
Você não é a sua doença
Você é o que acredita ser
Com ou sem cura

---

* Junção das palavras enfermidade e felicidade.

Aproveite
Com ou sem dor
Aproveite
Com ou sem luz
Aproveite
Será breve, mas pode ser mágico.

ENVELHEÇA, MAS BRINQUE

Gostaria de entender o que as pessoas
Pensam sobre o tempo
A brevidade da vida
O que se desperdiça com idiotices
Com mesmices
Com pré-julgamentos
É um absurdo
Prefiro ver minha cachorra se espreguiçando
Do que ver algumas atitudes
Meu Deus
É tão fácil ser gentil, sorrir, abrir a porta
Estender a mão...
Mas não
Algumas criaturas acreditam que os ponteiros
Do relógio pararam
Vamos envelhecer
Vamos adoecer
Vamos enrugar
Vamos ficar duros
Mas a alma pode ser leve
E quanto mais avançamos na idade
Mais precisamos estreitar nossos laços
E o incrível, o assustador, é que se faz justamente
    [o contrário
Seremos crianças de novo
Portanto que aprendamos a brincar
Fortuitamente
Mais uma vez.

Rivotril

Um dia uma paciente me disse:
"Ter insônia é horrível. Nada pior do que você acordada enquanto o mundo inteiro dorme".
Ela tinha razão...
Nada aperta mais o seu peito, te sufoca, do que a eternidade que dura o ponteiro do relógio entre as 2h36 e as 2h37...
Serão infinitos suspiros dentro de intermináveis segundos.
Olheiras cuidadosamente cultivadas
Lindas
Denunciantes.
Eu não durmo.
Eu vigio o tempo.

Divindade

Ele acordou às 12 horas, preguiçoso
Como vinha fazendo havia anos
Coçou o saco
Mijou
Barba por fazer
Sem fome
Tomou de cara uma taça de vinho
Olhou para baixo
Pensou alto:
"Continuam do mesmo jeito"
Quis deitar de novo
Desistiu
Dor nas costas
Estava ficando velho
Milênios
Encheu de novo a taça
Suspirou fundo
Saudade dos dinossauros
Deu fome
Comeu chocotone
Amarrou o cabelo vasto e branco
Começou a jogar baralho
Não apostava havia muito tempo
Perdia todas para Lúcifer
Agora abriu uma Smirnoff
Que tédio essa eternidade
Pegou um livro do Bukowski
Esse cara foi para o inferno

Mas bem que poderia ter ficado aqui comigo
Vestiu uma bermuda
Foi plantar flores, lírios brancos
Voltou
Tomou citalopram
Não quis saber de mais nada
Aliás, a última vez que se importou
foi em 1945
Ele chorou
Ele desistiu
Ele deprimiu
Ficou surdo com o barulho das bombas
Ser Deus
É uma merda.

Lilith

E um dia ela vai olhar para você e dizer que é feliz.
Um dia ela vai dizer que não sofre.
Vai te convencer que a solidão é escolha.
Que lida bem com isso.
Que bebe despretensiosamente, numa boa.
E nunca deixará que levem sua alma.
Dirá que dorme bem, tem sono tranquilo.
Você ficará com inveja porque não é assim.
Achará até estranho.
Mas sabemos como são as coisas.
Sabemos até a cor do vento.
Sentimos o peso das horas.
O olhar à nossa espreita.
Tocaia.
Um dia ela vai te ligar chorando de madrugada,
      [alcoolizada, despida de censura, puro id...
– Alô?
Num suspiro abafado ela dirá:
– Você tinha razão.

Segunda chance

Chegará um tempo em que nos arrependeremos
        [de tamanha
displicência conosco
O dia do olhar derradeiro
O tempo perdido
A irrelevante mesquinhez de afeto
A falta de amor
As rugas de riso que foram estupidamente
        [substituídas
por vigas de dor
Um tempo de desperdício de vida
Vida desgovernada e fora dos trilhos
Chegará um tempo de mistificação
de fantasia, no qual o passado era visto como
        [o melhor
Não, o melhor é agora.
O abraço precisa ser apertado
O beijo pede para ser verdadeiro
O olhar deseja cumplicidade
Sejamos irmãos na dor...
Mas por que não amantes na alegria?
Chegará um tempo em que seus passos serão
        [vacilantes
Com bengala
Com apoio
Época em que você talvez não consiga mais
        [levantar a cabeça
Mas erga seus sonhos

Chegará um tempo em que eu pedirei de você
Mais do que sua presença
Lembranças
Eu pedirei, carregada de saudade
O que poderia ter sido
E quem sabe nos ouvirão
E nos darão
Uma segunda chance de fazer
Melhor.

PÚRPURAS

No CTI, bombas de infusão apitando...
Várias...
Pisca-pisca
Como uma árvore de Natal
Mas a família dele não terá presente
A esposa pergunta se acredito em céu
Eu digo que acredito em um céu particular
Construído diariamente
Perguntou se acredito em Deus
Eu disse que sim, mas meu Deus anda cansado
Ela parou de chorar e riu
Quis saber o que eram aquelas manchas
      [púrpuras pelo
Corpo dele
"É o livedo...
Ele está fazendo a passagem"
"Mas para onde?"
"Para um mundo sem dor"
Ela ficou feliz com a resposta.
Agradeceu e deu um beijo no marido.
Disse que logo, logo estariam juntos novamente
Marejei os olhos
Cenas genuinamente românticas
Me comovem
Choro até em comercial de margarina
Encanto-me com a ternura de um casal de idosos
Que entenderam a vida
Ela, com as mãozinhas tortas de artrose

Acaricia os cabelos brancos dele
Eu cuido do Oscar (o cachorro)
Miudezas de uma comunhão de 43 anos juntos
No monitor, assistolia
No meu coração, leveza
Ela, resignada
Ele, livre
Foi para a luz.

LÚCIO, A LUZ

Ele era cego
Sequela de meningite
Um coração que valia bem pouca coisa
Mas queria viver
Recorrência de edema agudo
Perdeu as contas
A morte o espreitava
Dama de preto
Foice
Optaram pela cirurgia
Delírio de que não voltaria
Ficaria na mesa
Fez
Voltou
Vasoplégico
Deu um trabalho colossal
Ressurgiu menino
Quando pôde falar
Olhos fixos no nada
"Eu vou sobreviver?"
"Agora passou o perigo, do coração não mais"
Apertando a minha mão
Chorou como criança
Soluçou
Sussurrando
"Obrigado... eu queria viver mais"
Os olhos na escuridão
Encontraram esperança.

Poeminha e suspiro

Chuva
Cai
Mansinha
Pingos
Gotinhas
Céu
Cinza
Eu
Frio
Café
Quente
Você
Longe
Saudade
Matadeira...

Gabo

Bisbilhotando a conversa alheia na livraria...

Moça: Eu não sei por que as pessoas escrevem livros tão grossos.

Velho: Porque antigamente as pessoas gostavam mais de ler...

Moça: Eu gosto de ler!

Velho: Qual o último livro que você leu?

Moça: (pensou... pensou) Ah, vô, para com isso!

Velho: Minha querida, aposto que tem coisas mais interessantes aqui dentro (*O amor nos tempos do cólera*, do Gabriel García Márquez) do que dentro desse seu celular.

Ela riu para o avô.

Arrumou os cabelos.

Passou as mãos delicadamente, com calma, na capa, abriu, até cheirou...

Nessa hora, eu percebi que nunca mais ela deixaria de ler... cheirar o livro na frente dos outros é critério maior...

Moça: Eu vou levar esse.

Velho: Sério!?

Ela riu para ele e afirmou com a cabeça. Ele ajeitou os óculos de aros grossos e riu de volta.

Saíram de mãos dadas da livraria, o velho e sua neta...

Levaram Gabo para casa.

Fiquei feliz por desconhecidos.

Enquanto uns se anulam em brigas, outros se amam apaziguadamente na leitura, em gestos comuns.

Ruivinha

Ela ri alto
Ela ri gostoso
Despudorada
Liberta
Quer se destacar em um mundo proibido
Nicho XY
Com essa boca enorme
E essa cabeça tremenda
Eu tenho medo
Mas ela vai conseguir
Fala tão manso
Sotaque de um sono bom
Como se o amor
Fosse assim preguiçoso
(e é)
Não há mal nenhum em querer ver além
Não há mal nenhum em ser livre
Alone
Queria eu que existisse mais de você
Mas por alguma razão
Existem poucos pontos luminosos
Por algum motivo
Você veio torta
Errada e estranhamente
Perfeita.

Meninas

– Acabou.
– O quê?
– O amor...
– Mas é pra isso que ele serve.
– Não devia ser assim, Marry.
– Sabe o que sobra no final?
(ela suspirou fundo)
– Uma vontade irresistível de comer chocolate e beber vinho...
(ela riu)
– Ainda bem, né!?
– Outros amores virão...
– E sempre haverá bons chocolates e bons vinhos. Fui buscar as taças...

O MENINO É UMA FLOR

Hoje vi uma cena que me
Acalentou o meu coração
O desapego e a entrega a um desconhecido
Tinha um pedinte na rua
Deitado, sujo e bêbado
Eu estava parada no semáforo
Uma criança de uns sete anos puxada pela mãe
 [às pressas...
Parou, abriu sua lancheirinha e deixou um
 [pacotinho
Bem perto da cabeça dele.
Ele não viu. Eu vi.
O sinal ficou verde e mesmo assim eu não parti.
Buzinas atrás de mim
Ninguém percebeu o que tinha acabado de
 [acontecer
Um gesto de pura bondade.
Saciaram a fome daquele moço
Um amor jogado no vento
E as pessoas desorientadas para chegarem a seus
 [trabalhos...
As pessoas ávidas pelo suicídio gradual
Talvez aquele moço a esmo na rua de alguma
 [forma tenha desistido
Talvez aquela criança quando crescer também
 [desista
O mundo é isso...
Uma flor amarela, tentando sobreviver no asfalto.

Anna O.

Com minha psicanálise de boteco
Descobri que você é louca
Nem tanto por tomar psicotrópicos
Na verdade, é porque você ainda acredita na vida
Com minha psicanálise de Freud avesso
Vejo como você se agarra ao amor
Isso não é ruim
Mas vai te doer um bocado
Noites de insônia
E daí? Você diz
Eu fico uma perdição de olheiras...
Com minha terapia chinfrim
Maldita
Eu percebi que você nem queria tanto respirar
Mas viver, chega em um certo ponto
Passa a ser a única opção
E cortar os pulsos com caco de vidro
Já deixou de ser interessante
Faz tempo...
Sim, sou péssima em deduzir as coisas
E que bom que tudo é calmo e cristalino
Como olhos que brilham
Que acreditam
Que se pode ir além
Freud, se você não fosse
Tão charmoso com essa barba
Eu nem te leria mais
Com minha psicanálise de boteco...

Os finais

Teremos em algum tempo
Que acreditar por nós mesmos
Deixar de lado, encostado em um canto
      [empoeirado
O que de ruim, disfarçado de bem, fizeram
      [conosco
Aquela alegria sabotada
Chegará um momento em que não precisaremos
      [mais de antidepressivos
Para aguentar o caos
O tempo da alma livre
Da risada gostosa
Sem medo
Sem repúdio
Uma época de vários amores
De significâncias
Chegará um tempo em que eu e você
Sentaremos numa mesa
Na penumbra
E você, cansada e feliz, dirá:
"Foi bom, não foi?"
E eu concordarei com um sorriso
A vida é boa
Apesar de...
Existem os finais felizes e os finais necessários.
Garçom! Traga dois cafés, fortes e amargos.

Queremos

Olhos para sorrir
Boca para beijar
Abraços para apertar
Sonhos para dividir
Gentilezas para unir
Mãos para acalentar
Pernas para correr
Ouvidos para ouvir... mansamente
E você aí, no seu desvairamento
Fazendo tudo ao contrário
Morrendo de medo
de ser feliz
Menina, acorda!
Eles são sujos
Eles são imundos
Nojentos até
Mas não se contamine
Com a inconsequência deles
O que eles querem é nos transformar
Em cães raivosos
Desprovidos de almas e sentimentos
Não somos assim
Queremos mais
Queremos tudo
Mesmo que esse tudo seja
Uma caneca de café, numa manhã de chuva fina
Olhando pela janela
Cheia de paz...

FOTOGRAFIA

O despertador tocou.

Não conseguia levantar. Abriu o olho direito. Colocou mais cinco minutinhos. Um peso insuportável na cabeça. Segunda-feira. Antes se sentia disposto. Antes o mundo era seu. Nos últimos seis meses era isso. Um cansaço crônico. A namorada reclamava da falta de libido. Achou que era depressão. Ele não. Sabia que não estava deprimido, mas também não sabia o que era.

Flávio, 28 anos, engenheiro. Carreira promissora numa multinacional. Era um cara agitado, sem dia, sem hora, sem medo do futuro. Gostava de viagens. Era aficionado por fotografia.

Vieram as dores de cabeça. Veio o peso. Veio um mal-estar sem por quê. Vieram os enjoos e veio a turvação visual. Diplopia.

Procurou um neurologista. Exame de imagem: um tumor respeitável do lado esquerdo. Biópsia: neurogliobastoma. O médico tentou acalmá-lo, fez cara de que estava tudo sob controle – mesmo não estando. A cirurgia seria apenas paliativa. Era grande demais para ressecar completamente ou para atingir uma cura. Quimio e radioterapia estava fora de cogitação.

Flávio ouviu tudo com ouvidos matemáticos, calculando as possibilidades. Do médico, quis saber quanto tempo na melhor das hipóteses. "Meses" foi a resposta.

Levantou. Apertou forte a mão do Doutor e agradeceu.

Saiu do consultório e entrou no carro ao som de Elvis: *Always On My Mind*. *Esse morreu do jeito que quis*, pensou. Acendeu um cigarro. Tinha parado de fumar. Agora também tanto faz. Não ia viver tanto tempo mais para ter um enfisema. Chegando em casa alimentou o papagaio.

Ligou para a namorada e terminou o namoro.

Contou a verdade. Não achava justo ter alguém preso a ele em um momento de dor. Um fim inexorável. Ela chorou, ele desligou.

Pediu as contas do emprego. Sem explicações.

Já faz quatro meses, Flávio já visitou três continentes.

Tirou fotos fantásticas. O que se vê é um cara com brilho nos olhos. Emagrecido, mas inexplicavelmente feliz. Sabe que será muito em breve uma lembrança amarelada dentro daqueles que amou.

Vai. Deixará de existir. Será rápido e azul como um clique da sua máquina fotográfica.

Viver é uma imagem.

E luz.

E sombra.

O SENTIDO, HÁ?

Maria era vendedora de bijuterias, gostava de dançar; morreu de sepse.

Otacílio era bancário, gostava de pescar; morreu de DPOC.*

Fernanda era advogada, gostava de academia; morreu de acidente de carro.

Luís era pedreiro, gostava de trabalhos artesanais; morreu assassinado.

Jorge era decorador, gostava de pintura; morreu de embolia pulmonar.

Andréia era professora, gostava de correr; morreu de eclampsia.

Umberto era padeiro, gostava de futebol; morreu de infarto agudo do miocárdio.

Bethânia era corretora, gostava de flores; morreu de dengue.

Túlio era médico, gostava de motocicleta; morreu de AVC.

Luiza era estudante, gostava de teatro; morreu de suicídio.

Pedro era aposentado, gostava de organizar festas; morreu de dissecção de aorta.

Janaína era cabeleireira, gostava de cinema; morreu de insuficiência renal.

Alfredo era caminhoneiro, gostava de rodas de pagode; morreu de cirrose.

---

* Doença Pulmonar Obstrutiva Crônica

O fato é...
Você está aí e eu estou aqui.
Eu gosto de várias coisas.
Eles também gostavam.
Não há como fugir.
O final desse filme sabemos de cor...
A vida é besta, quase até sem sentido...
Mas pode ser muito mais
do que um atestado de óbito rosa,
      [branco e amarelo.
Não se limite a essas cores.
Dê o seu tom.

GATA DESPUDORADA

– O que você está fazendo?
– Fumando e bebendo! De sutiã na janela...
– Tá pensando em pular?
(ela ri gostoso)
– Não... Estou pensando...
– Sozinha, bebendo, livre e ouvindo musiquinha *bad vibe*.
– Acho que você deveria fazer o mesmo...
(fiquei calada)
– E qual a pauta da noite?
– O amor... autodestrutivo.
– Não sei se isso é amor...
– Eu acho que é.
(silêncio)
– Sabe o que eu acho?
– Sei, mas diz assim mesmo.
– Gosto mais dos verdadeiramente putos, são mais íntegros.
(e eu penso... calada... Ela é livre, tão livre que até dói).

Mineirando

Um trem bão na vida da gente
É esse querer
De ficar perto de quem
Te faz rir
Um trem bão na vida da gente
É cheiro bom de café fresco
É prosa boa
É cuca fresca
Um trem bão demais da conta
É pisar descalço em grama molhada
É cheiro de mato
Alecrim
Um trem bão de não mais poder
É chuva fina ao anoitecer
É dormir em paz
Trem bão, seu moço
É o cansaço de um dia de trabalho
Quisera eu ter sempre boa disposição
Um trem danado de bão
É ter fé
Acreditar que para tudo há um jeito
Sorte
Um trem estrondoso de bão é se fazer corajoso
Amigo de Deus e destemido para com o tinhoso
Eles existem?
Sei não... imaginação...
Um trem bão é um abraço seu
Que faz minha saudade diminuta

Onde ganho força
Fico repleto desse trem... amor
Trem bão é você aqui
Brincando de ser feliz
Comigo.

Pub

Oito horas da manhã de domingo.

Entrou num pub em Dublin e pediu uma cerveja escura. Tirou as luvas de couro. Um frio de congelar sonhos. Fazia exatamente dois anos que estava lá. Mudou-se por causa dele. Deixou o conforto, as montanhas e o café de Minas por um amor tresloucado. Conheceram-se e em seis meses lá estava, suportando um ciúme glacial. O amor derreteu, mas ela se apaixonou pelo lugar. Agora era fluente no inglês e na cerveja. Sentia falta do pão de queijo. A cerveja chegou. Acendeu o cigarro. Sentou perto da janela. Bebia devagar enquanto olhava os flocos de neve caindo lá fora. Desenhou com o dedo um sol triste. Sentiu uma solidão tão grande. Tão sua. Morava com amigos de vários outros lugares. O apê multicultural. Tinha acabado de entrar para faculdade de arquitetura; agora era striper na Dinamarca. Daquele país só sabia e conhecia o U2. E nem gostava tanto assim. Voltar? Não. Era feliz do seu modo. Queria uma outra vida, em um mundo longínquo. Se possível, um outro planeta. As pessoas ali eram distantes e respeitosas, e ela gostava disso. Sentia-se completa com as belezas naturais do lugar. Ser striper, usar uma peruca ruiva, cinta-liga e fingir satisfação era só um detalhe. Era de manhã que a realidade importava. Não tinha pressa. Tinha 22 anos. Era jovem, fresca, com todo tempo do mundo para errar. Era cidadã do mundo. Não tinha medo, nem ilusões, nem vantagens sobre o garçom manco que trouxe sua bebida. Deixou para trás uma família abastada de um país fodido e corrupto de quinta categoria. Aqui era livre. Sentia-se dona de si pela primeira vez.

Sem cobranças, sem olhares, sem inquisição.

Sentia o amargo, caramelado e frutado da cerveja. Bebia de olhos fechados.

Terminou, pagou, saiu. Deu um beijo na bochecha rosada de Jeff, o garçom. Abriu a porta do bar. Olhou para o céu de um branco doloroso, um floquinho de neve caiu no seu nariz. Sorriu.

Saiu andando com a serenidade daqueles que não sabem absolutamente nada do futuro e são felizes por isso. Se basta em si.

Empatia

Ela olha para mim
Enquanto pego um acesso venoso central
Ela teve um AVC e não pode mais falar
Afásica
Nunca mais dirá "eu te amo", "bom dia"
"merda" ou "que dia quente"
Ela não dirá...
Nossos olhares se cruzam
Ela é firme no olhar
Eu também sustento bem o meu
Explico o procedimento
Ela muda o tom, o brilho, como se dissesse
"E daí, doutora?"
Eu me sinto uma idiota
Deveria cantar uma música pra ela
Talvez
Realizo o procedimento
Sangue
Mas sem dor
Ela continua olhando
Digo que tudo ficará bem
Ela sorri com a boca torta
Digo pra ela
"Seus olhos são lindos"
Verdes
E, ao dizer isso, eles se enchem de lágrimas
Ficam vermelhos
Eu penso

Que na nossa fragilidade
Tanto a minha quanto a dela
Somos derrubados com um pouquinho
De gentileza
De amor...
Amor é tanta coisa
É você deitada
Sondada
Hidantonizada
Traqueostomizada
Sendo ajudada por uma estranha
Que acredita em você
Amor é um troço muito complicado
É a isquemia da maldade.

VINTE E SETE ANOS

No bar
Som alto
Bêbados
Perdidos
Solitários
Todos querem alguém
Mas ninguém se aceita
Barulho
Gritos
Loiras siliconadas
Caras musculosos
Respirando a sedução
O garçom se diverte com essas pessoas e com a
    [gorjeta
A ideia é não dormir sozinho essa noite
Mesmo que esteja com alguém do lado
Alone, alone...
Olhares que se cruzam e não se sustentam
Poderia ser ele? Poderia ser ela?
Na porta do banheiro, uma foto em tamanho real
    [da Janis Joplin...
Ah, querida, seus sonhos e seu amor ficaram
    [lá atrás
Sozinhos com você no meio de uma overdose
Ninguém entende o conceito de bom e de mau
As pessoas às vezes nem entendem que existem

O garçom, mero espectador, é o único que ri de
		[verdade
E eu peço outra cerveja
Gelada.

FIBRILAÇÃO ATRIAL

Monitor apitando, luz vermelha piscando.

Era uma fibrilação atrial, frequência cardíaca de 165 bpm. Olho para ele, ele me olha de volta. Ele sorri. Ele sempre sorri.

– Tudo bem, Seu Fernando?
– Tudo.
– Certeza?
– Uma palpitaçãozinha. É normal, né?
– Mais ou menos. Vai melhorar.

Fernando, 58 anos, cirurgia de revascularização miocárdica. Ganhou uma mamária e três safenas. Lindas pontes.

Não reclamava de nada. O peito rachado, agarrado ao travesseiro para tossir. Dói, dói muito. E ele lá, firme. Tinha que chegar para ele e oferecer uma dipironazinha como quem oferece um suco de abacaxi.

– O senhor aceita?

Ele ria.

– Acho que vou querer, doutora.

Mas pedir mesmo, não pedia.

Fui com a cara dele no primeiro dia em que o vi.

Cheguei ao box, um livro enorme em cima da cama. Coisa rara aqui no CTI. As pessoas ou estão entubadas, ou estão deprimidas, ou estão numa outra condição metabólica que não lhes permite contato com o meio. Os corajosos assistem à TV.

– Ora, ora temos um leitor aqui.
Ele abaixou o livro. Riu.
– É um prazer conhecê-lo, Seu Fernando.
– A senhora é a médica escritora?
– Médica; escritora em construção.
– O que o senhor está lendo?
– *Operação Cavalo de Troia*, nono volume.
– Leu todos os outros?
– Li.
Enquanto falava isso, notei que ele tinha as unhas sujas.
– O senhor trabalha com o quê?
– Sou mecânico, doutora.
– E acha tempo para ler?
– Doutora, o que me sustenta na vida são meus livros. A vida já é tão difícil. Me escondo neles para aguentar.
Pensei: *Gente coisa é outra fina.*
– O senhor está preparado para a cirurgia?
– Estou sim.
– Está com medo?
– Vou poder ler depois?
– Vai! Inclusive vou te trazer meu livro.
Olhinhos brilharam.
A cirurgia foi um sucesso, e o encontrei depois da extubação.
– Bom dia, leitor!
– Bom dia, escritora.

Entreguei o *Lírios*. Ele, com as mãos um pouco trêmulas, o pegou, passou a mão pela capa devagar como se acariciasse as costas de um gato e fez um gesto que só os verdadeiramente apaixonados por livros fazem. Abriu o livro no meio e cheirou profundamente.

E eu amei aquele homem de todo o meu coração.

INSTANTES

Neste exato momento crescem flores na
    [Nova Zelândia
Neste instante alguém chora uma perda em uma
    [cidadezinha no interior da Namíbia
Agora, ela bebe um drink, exausta de tanto
    [trabalhar, nua no chão da sala em seu
        [microapê em New York
Inutilmente ele tenta correr acelerado na estrada
    [no sul do México
A velha reza seu terço pedindo proteção contra a
    [morte inexorável, em um asilo em
        [Buenos Aires
A criança pirraça desconsolada pelo presente
    [quebrado em Nice
O jovem afrouxa a gravata preso no trânsito
    [caótico em São Paulo; suor
Ela rabisca na janela o nome da namorada
    [em Toronto
O homem de meia-idade pisa descalço na grama da
    [praça em Milão; acabou de perder o emprego
O rapaz toca um violão despretensioso no porão
    [da sua casa em Amsterdam
São pessoas
São vidas
Oito bilhões de corpos
Desejos que se dilatam
Esparsos no tempo
Interligados unicamente pelo que nos faz humanos
A liberdade em existir.

Crônica de dois perdidos

Box 1, 28 anos, tentativa de autoextermínio.

Meu amigo me passou o plantão. Você, com seus problemas, tendo que simular que é perfeita e que a vida é ótima. Nem sempre é.

O que muda é a quantidade de coragem que você carrega no peito. Uns têm serotonina demais; outros, coragem de menos.

As pessoas têm uma tendência horrível e natural de julgamento. Eu deixei isso faz tempo. Cada um sabe de si. Cada um sabe onde o sapato aperta mais.

Não existe nada mais sofrido do que alguém que tenta suicídio. Viver de repente deixou de ser interessante. Você quebra a ordem natural. Nenhum sentimento religioso é importante ou faz sentido.

Suspirei fundo. Entrei no box.

– Olá.

Ele não olhou. A marca da corda que se rompeu ainda estava em seu pescoço. Continuou em silêncio. Senti o peso do silêncio. Insisti.

O monitor apitava. Era uma taquicardia sinusal. Ele sentia a minha presença. Tão imerso e tão absorto em sua dor. Encostei nele.

– Oi.

Agora ele me encarou.

– Quem é você?

– A médica de plantão.

– É bom?

– O quê?
– Essa vida de pacientes morrendo?
– Nada mal.
– Mentira.
Assustei.
– E qual seria a verdade?
– A verdade é que você é tão suicida quanto eu.
– Sou?
– Você vem todos os dias, trabalha com pessoas doentes, chega em casa, provavelmente estuda, dorme, levanta. Volta para o hospital. Trabalha, nas horas de descanso deve beber, comer. Seus melhores anos você gastou com o quê?

Mantive o silêncio.
– O que nos difere é a pressa em ir.
– Você é amargo.
– Você é iludida.

Senti um desconforto imenso. Ele era implacável. Niilista.

Saí do box. Entrei no banheiro, lavei o rosto.
"O que nos difere é a pressa em ir."
Uns lutando, outros nadando junto à correnteza, e outros, inocentes, não entendendo absolutamente nada.

Eu não sei ainda em que grupo me enquadrava.

Ele me olhava com olhos de "escuta bem o que digo". Oráculo.

Aquele moço não precisava de psiquiatra, precisava de oportunidade.

E eu? Preciso do quê?

Terminou o plantão.

Entrei no carro. Música. Bach? Amy? Eric Clapton? Queen? Nada me servia.

Respira fundo. Ouça o seu coração. Dê a partida. Para onde?

Eu não sei.

Dona de si

Pediram para ela tirar a roupa
Ela não quis
Pediram para ela tomar remédios
Ela não tomou
Pediram para ela pesar 55 quilos
Ela não fez dieta
Pediram para ela usar esmalte nude
Ela só passa vermelho
Pediram para ela trabalhar exaustivamente
Ela anda descalça às duas da tarde e sorri
Pediram para ela atender sempre ao celular
Ela nem liga
Pediram para ela comprar uma joia cara
Ela curte bijuteria
Pediram para ela casar com fulano
Mas ela é apaixonada por sicrano
Pediram para ela ouvir jazz
Ela se espalha é no samba
Pediram, pediram e pediram
Mas em nenhum momento alguém perguntou
Do que você gosta?
Ela não se importava
Tem tanto amor dentro de si
Que tolerava a loucura que havia nos outros.

ALADOS

Existem anjos...
E eles sofrem
Existem anjos
De asas quebradas
Asas pesadas
Existem anjos
E eles sorriem
Existem anjos
Enrugados
Existem anjos
Bêbados
Seres alados
Com pés firmes
Existem anjos
Que seguram a porta para você
Existem porque precisam
Acreditar na bondade alheia
Tão falha
Existem anjos
Que não dormem
Que usam verde, floral, rosa e amarelo
Anjos de havaianas
Anjos maternais
E anjos que falam insanidades
Palavratório obsceno
Mesmo assim são eles
Existem anjos
Que poderiam voar

Que nem sabem que são anjos
Mas carregam dentro de si a semente
Da generosidade
E ficam colhendo flores no esterco
Anjos que fazem
Que entendem que precisamos girar
Anjos de energia vital
Existem anjos
Abatidos com a bala da indiferença
Que se levantam
Semialados
Voo torto
A diferença de um anjo para um ser normal
É que
Eles acreditam em você
Quando ninguém mais pode.

Seu Flô

– Doutora, o papai ficou doido desde que internou aqui! Na verdade, ele não era lá muito certo, não, mas isso de arrancar a roupa foi a primeira vez.

– Isso se chama *delirium* hiperativo, está associado à doença de base dele, além da abstinência do cigarro.

Pensei em falar que quanto a arrancar a roupa até eu achava uma boa ideia nesse calor. Mas deixei pra lá.

Seu Floriano, 82 anos, contador ainda na ativa. Não afinava não. Magérrimo. DPOCitico. Dizia com orgulho que começou a fumar no dia do suicídio do Getúlio Vargas. Tentei fazer as contas, mas, como isso já era no século passado, desisti. Primeira internação na vida, o que já era um fato memorável.

Infectou. Floriano também bebia. Apreciava um destilado. Internou obviamente por complicações pulmonares.

No quarto de paredes brancas, tiraram os óculos do Floriano, tiraram o radinho de pilha do Floriano, tiraram o cigarro e a pinguinha das 18 horas do Floriano. Não deu outra, o velho murchou. Espetaram dois acessos venosos periféricos. Um cateter nasal. E uma sonda urinária. Não deu outra, Seu Flô achou tudo aquilo um acinte sem tamanho. Infectado, invadido por bactérias e humanos. Delirou. Sofreu. Chorou. Distribuiu tapas. Cuspe na cara e beliscões. Claro, foi medicado. O "sossega--leão", que, no caso, foi sossega-Seu-Flô.

No outro dia cedo, chego e encontro o velhinho injuriado.

– Doutora de Deus, a senhora acredita que me pearam que nem uma galinha!?

– E por que fizeram isso, Seu Flô?

– Falaram que eu fiquei doido, mas não me lembro de nada. Como pode um negócio desses? Venho para tratar e fico preso!

– Mas tive notícias de que o senhor andou bolinando a enfermeira nessa loucura aí.

– Sério? Tá vendo só! E vocês ainda me deram remédios para esquecer disso!

E riu tanto que até dessaturou.

– Vamos combinar uma coisa, Seu Flô? Vou pedir o radinho de volta, os seus óculos, e o que mais o senhor quer?

– Que a senhora suspenda a peia e esse remédio!

– O senhor vai se comportar?

– Claro que não, doutora. Meu apelido é Flô, mas meu sobrenome é Carvalho!

Seu Flô é desses velhinhos que usam chapéu, bengala e bigodinho fino. Aquele estilo de homem que, passam-se os anos, mas ainda possui a vivacidade e a saudade de uma virilidade pretérita. Seu Flô adora um "chêro", uma morena de perna roliça e paiêro.

A simplicidade no existir.

Propina

Eles pediram mais dinheiro
Eles pediram
Porque não existe solução
Do lado de lá ninguém quer ajudar
Ou se querem
Fazem de uma maneira podre
Barganham com vidas
O caos instalado
Fingem que se importam
E quando se importam é só
Pelo simples fato de que se tratam de eleitores
Eleitores são importantes
Ignorantes, analfabetos, sem sinapse
Eleitores votam maciçamente neles
E em troca recebem balas de chumbo
A sua mãe vai morrer
O seu filho vai morrer
O seu amigo vai morrer
O padeiro vai morrer
Mas a mulata (se não adoecer) reinará linda na
      [passarela
O namorado dela também morreu por falta de vaga
Os aeroportos estarão cheios
Gringos endinheirados
Que não conhecem as epidemias de um país
Pobre, de quinta categoria
Eles chegarão felizes e verão um povo
Enganado

Um povo servil e desnutrido
Mas bons eleitores!
O essencial é
Morrer
O essencial é
Contaminar
O essencial é doer
O essencial é servir de trampolim
Para os psicopatas permanecerem
Não temos desfibrilador
Enquanto a arritmia maligna se mantém
E o pulso se vai
Eles estão lá
Bebendo o vinho mais caro
E gratos pelos bons eleitores
Mortos.

Na manjedoura

Natal é isso: aquele período do ano em que todo mundo resolve ser bonzinho.
Nem que seja às 23h45 do dia 24
O menino Jesus espreita
E fica com pena
Deveria ter um pouquinho de Natal no coração
        [dos homens todos os dias
Se fôssemos por quinze minutos livres de inveja,
        [preguiça, tristeza, ingratidão, mesquinhez,
        [diariamente Jesus sorriria feliz
O menino Jesus espreita
Ele quer de nós só a vontade de viver
Viver plenamente
Ele nem pede orações
Tadinho, está cheio delas
O menino Jesus espreita
Quer de nós coragem
Alívio imediato para nossas dores
Provocadas por nós mesmos
Pobre criança...
Que seja dado o perdão
Àqueles que nos magoaram
Assim como ele, crucificado o fez
O menino Jesus espreita
Brinca olhando para seus irmãos
Tão cheios de desatino e empáfia
"Não foi para isso que eu me doei"
Mas mesmo assim acredita em nós

Cheio de prego nas mãos
O menino Jesus espreita
Ele deseja que vençamos
Ele sonha com nossos sonhos
E nos quer alegres e festivos
O menino Jesus
Sempre será criança
Na sua imaginação de bebê
(criança pobre na manjedoura de palha)
No coração dos homens ainda há esperança
Os olhos dos homens ainda brilham
Como a estrela de Jerusalém.

A NOTÍCIA

– Sua mãe apresentou um sangramento muito extenso no cérebro.
– Isso é grave, doutora?
(silêncio)
– É extremamente grave. Se ela sobreviver, ficará
 [em coma pelo resto dos seus dias.
Ouço choro, gritos, ela aperta meu braço. Ela se
 [dobra sobre o próprio corpo de tanta dor.
Termino o plantão e volto para casa pensando...
Acabei com o fim de ano de uma família inteira
 [assim, uma notícia tão trágica.
E essa moça vai se lembrar de mim sempre com
 [tristeza.
Eu poderia escolher outra coisa para fazer da vida.
Tem dias que são muito cruéis.
Eu nunca me esqueci da médica que anunciou
 [a morte do meu pai, dentro de um CTI
 [também, numa madrugada de agosto.
Um filme passa na minha cabeça...
Eu tenho que ser sincera com eles,
Uma sinceridade que queima, que corta, que
 [sangra a alma.
Que me deixa nauseada.
E nessas horas eu penso que nada faz tanto
 [sentido.
O sinal verde abre
E eu vou para casa
Tão cansada
Quanto aquela moça...
Quase órfã.

TEM

Tem cansaço que euforiza
Tem dor que alentece
Tem sono que morre
Tem silêncios que ensurdecem
Tem fé que hipnotiza
Tem alegria que não vinga
Espera
Tem trabalho que empobrece
Tem desejos que aquecem
Tem sonhos que não acontecem
Teimosos
Envelhecem e caducam
E temos eu
Você
Eles
Cada um na sua
Tentando viver
Sem pra quê...

FRIDA, O SORRISO

Dona Frida, 88 anos
Anda mancando pelo corredor
É meio surda
Grito com Dona Frida
Ela não me ouve e mesmo assim sorri
Tem câncer no intestino com metástase hepática
Os filhos acham que ela não sabe
Ela olha para os filhos com pena
Dona Frida faz lindas taquiarritmias
Sobe para o CTI tranquila
É entubada com resignação
Dona Frida encara uma sonda vesical de demora
    [numa boa
Diz que a comida do hospital é gostosa
A velhinha agradece por tudo
Tem cabelos de um grisalho vivo
Reza
Ri alto sozinha
Dona Frida não é demente
Nem tem delírio hiperativo
Vive com o sabor do tempo
Espera o que vier
Há tempos deixou de criar rugas
É satisfeita com as que já tem
Meu café esfriou
Reclamei
Lembrei de Dona Frida
Senti-me uma completa
Idiota

Só de não ter uma creatinina já era motivo
Para soltar fogos
Coisas da juventude
Impaciência
Perdoai, Dona Frida
Talvez a saúde nos deixe assim
Cegos de ingratidão.

Nem Clarice...

Ele queria me dar uma máquina de escrever
Daquelas Olivetti antigas
Olhou num antiquário e disse que me cairia bem
"Uma escritora precisa de uma máquina dessas
Uns óculos desses que você não usa"
"Você quer que eu fume também?", perguntei.
Não preciso ser caricata
Não preciso datilografar (até porque não sei)
Posso escrever no papel higiênico
No saco de pão, em um receituário
Ou até nas paredes
"Você é neurótica demais para rabiscar paredes",
    [ele disse.
Verdade.
O TOC não deixa.
"Talvez um dia você ganhe dinheiro com isso."
Pode ser
Mas o que mais me dá alegria
Não me dá um centavo
Que é amarelar os dentes com café
Cuidar das minhas cachorras e ler coisas que
    [ninguém lê
Sou inundada por uma paz indescritível
Poderiam estourar uma bomba nuclear na Síria
Mas eu preciso ganhar dinheiro, grana
Fazer a roda girar
Daí vou ver meus doentes
Respirar bactérias multirresistentes

E sentir, como um peso nos ombros, a dor dos
          [outros
Dor pesa, mas não chega a ser necessariamente
          [uma coisa ruim
Fico tempo demais com eles
Pessoas saudáveis são para mim uma raridade
Um assombro
Eu sou um ser assustador
Não precisa me transformar numa réplica
          [malfeita da Clarice
Batendo forte na Olivetti, no canto da sala, na
          [penumbra
Não...
Eu posso escrever em qualquer lugar
Uma poesia ruim
Amassar o papel
Jogar no lixo
E mesmo assim ficar feliz
Sozinha.

Id

Coisas que eu gosto de ver:
Os olhos embriagados
O id abriu a porteira
Agora é que sai tudo
Inclusive o que não deveria
Preparem seus corações
Eu disse que 13% era um teor exagerado
Deu nisso
Algumas coisas quando estão perto demais
Queimam
Quarto rodando
Vômito no tapete
Ressaca
Aspirina
Água gelada
Dobra a dose, eu quero mais vinho
Mas você não disse nada
E nem posso
Meu id é liberto
Mas não é besta...
  (em algum lugar, Freud dá uma tragada longa no charuto e pensa: *Isso não vai dar certo*)

BICHO

Capitu
Olha para mim e sorri
Minha cachorra tem personalidade
Tem mais brilho nos olhos
Do que alguns humanos por aí
Deita aqui perto
Respira fundo
Olha para mim fixamente
Jabuticadamente
Eu pergunto
"Que foi, garota?"
Ela responde com uma pergunta
"Está preparada?"
Fico em silêncio
Ela sabe
Cachorra danada
Ela sabe que nunca estou
Que não quero
Que não posso
Estar
O dia em que eu estiver preparada
Acabada para alguma coisa
Eu desando de vez
Melhor assim, Capitu
Sempre em construção.

Pobres mortais

Um dia vamos morrer
Da pior maneira
Esquecidos
Você será folha ao vento
Um plátano no outono
Vejo fotos envelhecidas daqueles que se foram
Aquele olhar imortalizado
Aquela juventude petrificada
Há muito tempo
Hoje somos um amontoado de nervos, células,
    [vasos, sangue
Emoções
Muitas
Pensamentos e um pouco de razão
Eles também foram
No momento eles são adubo, oxigênio, putrefação
Mas melhor que isso
São lembranças
Eu e você somos mais
Somos carne pulsátil
Em movimento
Na transitoriedade da vida
Seremos no futuro o mesmo olhar
Parado
Fixo
Cravado na alma daqueles que nos verão
Bestializados
Assustados
Com o pouco que fizemos
Para existir.

Théo, mas não é Deus

Theodoro
92 anos
Não vê
Não fala
Não anda
Praticamente não ouve
Vive internando por pneumonia
Também não consegue engolir mais
Vai ganhar uma mangueirinha direto no
    [estômago
Vai perder o provável e único prazer que ainda tem:
Sentir o gosto
Theodoro, desse jeito, parece coisificado
Demente...
Olho para ele enquanto ausculto seu coração
    [de velho
Arrítmico
Perdeu até o compasso...
Ele me olha com seus olhos cataráticos
Vê um vulto disforme
Tão magrinho em cima da cama
Parece que a qualquer momento vai quebrar
Velho de porcelana
À noite, peço a Ele
"Tenha paciência comigo
Se você existe mesmo
Me poupe de uma vida tão longa e desnecessária."

CHIQUINHA

Ela gostava de batom vermelho ou rosa, daqueles
    [rutilantes.
Entrou em insuficiência respiratória e foi
    [entubada.
Todos os dias as enfermeiras passavam nela o seu
    [batom preferido.
Mesmo sedada, inconsciente.
Foi o pedido feito.
No meio daquela loucura toda, de tanto trabalho,
    [elas se lembravam do batom rosa.
Entubada e vaidosa.
O amor se esconde no cuidado.
O amor se esconde nos detalhes.

ELA*

Começou devagar
O copo caiu da minha mão
Os tropeços ficaram mais frequentes
Eu engasgo o tempo todo
Respirar cansa
As pessoas me olham cheias de pena
Como se eu fosse um aleijado
Meus músculos desistiram de mim
Mas minha mente é rápida
Sei e entendo tudo
Mas minha fé anda pouca
O glutamato é tóxico
Li e sei disso enquanto ainda tinha forças
Estou encarcerado
Preso em mim
Preso nessa máquina
Sou uma espécie de ciborg
Quando fecho os olhos é que sou livre
Saio dessa cama
Minhas escaras nem doem mais
Voo longe, de liberdade
De repente estou numa praia, sozinho, correndo
Sinto as ondas geladas batendo em meus pés
Sou jovem de novo
O vento frio desalinha meus cabelos
Sou feliz
Não quero ELA para mim

---

* Esclerose Lateral Amiotrófica.

Quero ser EU outra vez
Só mais um dia
Só mais um minuto
Um segundo...
Só...

Sara

O sol entrou devagar, fraco; até ele estava com
    [preguiça.
O dia estava sonolento. Não sabia se queria
    [acontecer.
O cheiro inconfundível de doença no ar.
O café demorando a fazer efeito.
– Bom dia, Sara!
– Bom dia, doutora.
– Passou bem a noite?
– Não!
Rimos juntas. Sara tem câncer terminal de pulmão.
    [Sara tem alma viva e gosta de estar aqui.
      [Tosse muito. Se afoga na sua falta de ar...
– Qual a programação de hoje, moça?
(pergunto para uma senhora de 70 anos...)
– Além de doses deliciosas de morfina?
– Uhum...
– Começar tudo de novo, não tem outro jeito...
Ela travava um bom combate diariamente.
Sara morreu cinco dias depois.
Morreu convicta. Nunca demonstrou medo.
Morreu determinada a começar tudo de novo
    [mesmo sabendo que não ia.
Há pacientes assim, quando vão embora
    [deixam uma saudade, uma dor fina como
      [um corte no dedo com papel.

Amor, é?

Seu amor é sinceridade
Seu amor é vinho tinto sujando a mesa
Seu amor é preconceito
Seu amor é um velho manco
Seu amor é insano
Seu amor faz versinhos bregas
Seu amor é fígado acebolado
Seu amor é dia nublado
Seu amor é Star Wars
Seu amor é preguiça
Seu amor é insônia
Seu amor é revolta
Seu amor é sensação iminente de morte
Seu amor é claustrofobia
Seu amor é sorriso banguela
Seu amor é cachorro pulguento
Seu amor é torta de limão
Seu amor é dispneico
Seu amor é tanto
É tudo
Seu amor é você
Olhando o mundo
Nos olhos de outro.

UMA XÍCARA

– Doutora, morávamos só nós dois em casa, 55 anos de casados. Como que eu ia saber?

– Não se culpe, Seu Alberto, não tinha como o senhor saber.

– Doutora, ela deu um grito e caiu. Ainda tentei ajudar. A deitei na cama, passei água no rosto. Abracei, porque achei que ela estava fria. Eu poderia ter feito alguma outra coisa?

– Não, o senhor fez o que podia. Agora ela está fazendo a passagem. Sem dor.

Encarou-me com os olhos vermelhos. Tirou o chapéu cinza. Ele era daqueles idosinhos que ainda usam chapéu de feltro. As mãozinhas tortas de quem muito trabalhou na vida. Artrose.

– E quem vai tomar café comigo amanhã?

Aquele silêncio na sala de visita. Peguei na mão dele.

– Eu não sei...

Fechou os olhos. E elas, as lágrimas, desceram grossas no seu rosto enrugado de velho.

– Eu que tenho câncer e ela quem vai primeiro? A morte é injusta, doutora.

Fiquei calada. A vida também é.

Percepção

Sábado, dia de sacolão. Levanto cedo e vou comprar frutas. Tenho uma amiga que acha engraçado e me diz: "Faça como eu, liga lá e diz o que você quer. Eles entregam em casa". Respondo: "Mas aí perde a graça do processo. Gosto de me acotovelar no meio das pessoas, fazer amizade entre o tomate e as beterrabas". Ela ri: "Doida!".

Cheguei lá e fui apalpar as mangas. Um moço me chamou a atenção... Devagarinho, escorregava as mãos entre as frutas. Pegava com quase ternura, levava ao nariz, cheirava longamente e sorria. Soltava a fruta. Pegava outra e era o mesmo ritual. Parei e fiquei observando. Era quase um prazer sexual. O rosto dele se abria. Pensei: *O tarado do hortifrúti!*

Ele repetiu isso com maçãs, bananas, tomates cerejas, mamão, pera e caqui.

Saiu, agradeceu e se despediu do dono do sacolão pelo nome e foi embora. Apesar da pouca idade, devia ter uns 22 anos, usava bengala. Não entendi.

Terminei minhas compras. E, antes de ir embora, perguntei ao Augusto, dono do lugar:

– Aquele moço que estava aqui...

– O cego?

– Ele é cego? – Me senti envergonhada.

– Desde que nasceu – ele disse.

– É que ele cheirava tudo com tanta intensidade...

Seu Augusto riu:

– Ele conhece todo mundo pelo cheiro. Antes de abrirmos a boca para cumprimentar, ele já diz nosso nome. Vem aqui cheirar as frutas e os temperos como um exercício mental.

Entrei no carro e dei a partida.

Voltei para casa pensando que há várias formas de nos relacionarmos com o mundo à nossa volta. Várias formas de chegarmos até o outro. E estupidamente estamos perdendo a chance de praticar isso.

Aquele moço enxerga mais do que eu.

Érica, Roque Enrow

– Aperta o oito para mim, por favor?

Conheci Érica no elevador, há dois anos. Eu não me lembrava dela. São tantos rostos no hospital que minha memória me trai.

Na ocasião, Érica estava se apoiando em duas muletas. Mal se equilibrando.

Hoje Érica está aqui na minha frente. Acabou de ser extubada. Terceira pneumonia aspirativa em um ano. Vítima de uma doença de caráter progressivo e inexorável. Érica tem ELA, Esclerose Lateral Amiotrófica.

Assim que retiramos o tubo, depois de tossir, ela agradeceu e me deu bom dia, chamando-me pelo nome. Perguntei de onde ela me conhecia e então ela me contou a história do elevador.

– Você olhou para mim diferente das outras pessoas e me perguntou se eu gostava mesmo do Nirvana. Eu estava com uma blusa da banda.

– Olhei diferente como?

– As outras pessoas me olham com pena, como se eu fosse uma inválida. Você ignorou as muletas.

– Agora me lembrei! Você até me respondeu que gostava de rock e eu, de cachorro, pela blusa de pug.

Ela riu...

– E ainda soltei um comentário que fiquei com receio depois de você ter achado ruim.

– Foi mesmo, mas eu gostei.

"Achava que médicos se vestiam com mais seriedade."

E você respondeu: "Só os bons!". Daí a porta se abriu e você saiu.

Érica tem uma doença que resulta em um enfraquecimento muscular irreversível. Ela sabe da gravidade e do seu futuro cada vez mais limitante. Mas mantém uma força, uma luz e um humor de puro refinamento.

Os outros pacientes pedem TV para assistir. Érica pede livros.

Meu coração aperta em saber que vou vê-la possivelmente com mais frequência aqui dentro. Queria vê-la em um show, bebendo e se divertindo com amigos da sua idade. Tietando Kurt Cobain. Curtindo o seu rock, a sua vibe.

Érica transcende de um jeito só seu. Érica é um ser peculiar.

Atemporal

Ela demora
Ela tenta
Sofreu bocadamente
Mas via a vida com alegria
Sabia que dando o seu melhor poderia dar mais
Envergava em sonhos
Descabelada e loura
Era feliz por ser mulher
Sem chiliques de feminista
Ela era ela
Se o mundo está aí
Que a aguentassem
Um dia chorava
No outro era uma imensidão de sorrisos
Fica linda assim
Não era feita de barro
Era de um material mais resistente
Era de uma sensatez meio louca
Camuflada, acontecia
Sabia que seu tempo era o tempo todo
Seja aos 20, aos 30, 40 ou 50
Pessoas felizes são atemporais
Existem e só.

TIRADENTES

As cidadezinhas de Minas
O interior
As ruelas de pedra
De minério, de diamante
Das Gerais
O cheiro de história
O peso da religião
São Francisco sorri
Conversa com seu lobo
Se ele soubesse da nossa falta de fé...
Na taberna
Cerveja
Será que os inconfidentes tramaram
Bebendo assim também?
Tomara...
Conspiraram felizes
No alto da igreja o sino toca
Badala sete vezes
Ferro, fé, almas
Muitas mortes por aqui
Pelo vil metal
Pelo sonho ébano
Povo sofrido esse
Olho para o alto
E não vejo nada

Olho para dentro de mim
E vejo bem pouco
Só esperança
De dias melhores.

As músicas de Deus

Sons que fazem a alma sorrir:
Chuva fina
Café sendo passado
Minha cachorra roncando
Os passos da pessoa amada chegando
O tilintar das taças
A flauta doce de não sei quem tocando Beatles
A página sendo virada
A porta, fechando depois de um dia de luta
O retorno de um batimento cardíaco no monitor
Um bom-dia dado com os olhos (eu ouço)
O *click* do abajur à noite
Cansada
O estalar de um beijo na bochecha
O vento na janela
Quem sabe é Deus, da maneira dele, dizendo
Viver é bom...
Continue.

O Deus ausente

Fico imaginando as inúmeras vezes em que
    [Deus quase
Desistiu de nós...
Quando Nero ensandecido pôs fogo em Roma
Na Idade Média, em que qualquer "heresia" era fatal
Nas guerras e nas cruzadas ditas em seu nome
Na queda da Bastilha
Na Revolução Industrial
Na Guerra da Secessão
Nas duas primeiras grandes guerras mundiais
Em nome de regimes comunistas
Na Guerra do Vietnã
No Oriente Médio desde sempre
Hoje, na Síria
Imagina se um belo dia depois de um trovão
    [mundial
Aparecesse uma voz que fosse ouvida em todos
    [os cantos
A voz firme de Deus em uma só língua entendida
    [por todos
Ele diria:
Seguinte, macacada (sempre seremos), que
    [bagunça é essa que vocês fizeram na
        [minha ausência?
Daí ele diria que nunca esteve, de fato, por aqui
(foi embora depois da extinção dos dinossauros;
    gostava um bocado deles)
Que fizemos tudo por nossa conta e risco

Despediria-se e diria:
Pelo menos vocês têm bons vinhos
(um verdadeiro fanfarrão)
Seríamos tomados de pura perplexidade e libertação
E talvez nesse momento passássemos
Quem sabe
A dançar na chuva.

A JANELA

O apartamento era antigo
Chão de taco, puído
Gatos andam mansamente
O banheiro rosa, década de 1970
Quando foi construído, o que se ouvia nas rádios
        [era o melhor de Elis
O cheiro de tempo
Bem vivido
O lustre, aquele globo
Os armários de um branco-amarelado
Sim
O apartamento ficou remoto, pretérito,
        [mas perfeito
Daqueles que gostam e imaginam uma época de
        [risos escondidos
Mas o melhor dele é a janela escancarada
A vista para o mundo
Faço um café e respiro fundo
Vejo tantos outros prédios ao longe
Tantas vidas em tantas outras janelas
Mas o que meu coração vê só eu vejo
Essa vista, essa janela
Sinto deuses do meu lado festejando
Porque eu entendi
À noite, quando o apartamento fica escuro
Tenho diante de mim milhares de pontos
        [luminosos

É uma passagem de um presente tão presente
    [para os tempos idos
Essa janela me lança em uma época de glória
De saudade
De reminiscências
Que eu quis muito, mas nunca
Vivi
Essa janela é o meu *déjà-vu*
É um amor que dói
Sem cortina
Sem pudor
Sem nada.

EXISTENCIAL

No elevador
Na rua
No salão
Na padaria
Na igreja
No trabalho
Nas festas
No restaurante
No consultório médico
Ele
Sempre de cabeça baixa
Como se procurasse alguma coisa no chão
Em casa, sozinho, no banheiro
Levanta o rosto e fixa seu olhar no espelho
Apalpa o próprio rosto
Sorri para sua imagem
Desconcertante
Não sabe quando foi que sumiu
Repara na sua flacidez
No cabelo começando a ralear
Trinta anos
Sensação ruim
Acha que já morreu muito
Quer dizer, viveu
Morreu? Viveu? Dúvida...
Suspira fundo
Resiliente
Domingo à noite

Acende um cigarro e vai para a janela
Ouve grilos
Pensa
Amanhã outra vez
Olhos vacilantes
Medrosos
No chão
Dentro de mim.

Caio

A campainha do quarto tocou...

Eu estava no posto de enfermagem fazendo a prescrição de um paciente, um dos meus velhos.

A enfermeira saiu de lá assustada e me pediu ajuda. Era uma criança de nove anos em tratamento de um tumor cerebral. Duas coisas que eu não entendia: crianças e câncer. Mas sabia reconhecer muito bem a aflição no rosto das pessoas. Da mãe, do pai e da avó.

Caio estava tendo crises convulsivas, não era uma imagem bonita de se ver. Retorcia-se todo no leito. O pediatra estava em outra emergência. Fui assim mesmo. Depois de um benzodiazepínico ele foi voltando à paz, ao sono merecido. A mãe chorava, amparada pela avó. O pai andava desorientado pelo corredor.

Fiquei até ter certeza de que ele estava bem.

A avó, cheia de agradecimento, depois me contou: Caio foi diagnosticado há poucos meses com um tumor cerebral maligno numa região inoperável. A quimioterapia poderia ser de alguma valia, mas até os médicos se mostravam descrentes. Ela pediu para que eu voltasse outra hora para conhecê-lo. "Ele é um doce de menino."

Voltei para o CTI. No elevador, fui pensando naquele garoto. Meus velhos morriam com 80, 90 anos. Era triste? Era... mas era o natural.

Começar a vida indo embora me causava desconforto.

Terminei o plantão e à noite voltei para vê-lo.

Encontrei outra criança, quase pensei que tinha errado o quarto. A mãe nos apresentou:

– Caio, essa é a doutora que te ajudou hoje de manhã.

Ele, todo gentil e rápido, esticou a mãozinha:

– Prazer!

Ficou me olhando...

– Que tipo de médica é você? Cadê sua roupa branca?

Eu estava com a roupa "pijama" azul do CTI.

– Eu sou cardiologista e trabalho no CTI...

Ele parou de desenhar...

– Cardiologista é do coração, né? E CTI é o quê?

– CTI é para onde as pessoas muito graves vão.

Ele ficou calado me analisando...

– Você então cuida de gente que o coração tá quase parando!?

Senti um frio na barriga. O menino ia me pegar.

– Isso mesmo. Mas nem sempre param.

– As pessoas morrem muito lá?

– Às vezes.

– Então você já viu a morte?

Agora era minha vez de pensar...

– Talvez...

– Ela é bonita?

Nessa hora olhei para a mãe dele, que estava enxugando o rosto chorando.

– É sim, Caio.

– Sabe o que é, doutora? Eu tenho uma doença ruim na cabeça. O tio Hélio (pediatra) já nos contou. E eu venho muito aqui. E cada vez que eu venho, eu volto mais fraco para casa. E sei que uma hora não vou mais voltar.

Agora eu também queria chorar...

– E você vai para onde então?

Ele levantou o papel e me mostrou um desenho que tinha feito...

– Aqui. Minha casa nova.

Era o desenho de uma casa amarela com um jardim repleto de cores. Tinha na entrada um homem e um cachorro.

– Quem são? – quis saber.

– Meu avô e o Jhony, meu cachorrinho. Eles foram na frente.

– Obrigada por me mostrar, Caio. Você desenha muito bem.

Despedi-me dele e da mãe um pouco emocionada. Antes de sair, ele me perguntou de novo:

– Lá no CTI a gente sente dor?

Eu não podia mais falar. Balancei a cabeça dizendo que não.

Fui embora, entrei no carro e chorei.

Caio voltou para casa. Morreu dois meses depois.

A lucidez daquele garotinho até hoje me toca.

Jhony agora não brinca mais sozinho.

Quem salva

Seis e meia da manhã, dia nublado, quase frio.

Você indo para o trabalho. Sábado. Muitos ainda estão dormindo. Você bota um *Bohemian Rhapsody* alto no carro para abrir os olhos porque os litros de café extraforte já não dão mais conta do recado.

Chega na porta do CTI, se benze e diz para quem quer que seja: "Hoje eu não tô para sacanagem". Quem quer que seja te responde: "Está sim. Seu plantão vai ser um samba do crioulo doido". Você escolheu isso. Verdade.

No primeiro leito: uma jovem escorrega na beira de piscina, bate a nuca. Lesão cervical alta. Tetraplégica.

Digo para quem quer que seja: "Ok. Já podemos parar por aqui".

Mais café. Amargo, que de doce já chega a vida. Mentira. Às vezes azeda.

Vou para o leito 5. Paciente parou durante 30 minutos. Encefalopatia hipóxica. Coma vigil.

Examino. Olha-me nos olhos. Sem contato efetivo. Tento arrancar alguma coisa. Nada. Olho pela janela. O sol sai tímido.

Vou ao banheiro, olho no espelho. Tenho que pintar esse cabelo.

Volto, leito 7. Homem, 48 anos, infarto gigante. Obeso, diabético glutão, comedor de torresmo. Não pratica esporte nenhum. Arrogante. Não admite ser confrontado. Não admite uma segunda chance pelo menos. Flerta com a morte assim como eu flerto com a vida. Talvez ele esteja certo. Eu, comendo tudo integral e vegetariana, posso ir pras cucuias amanhã mesmo.

Leito 8. Idosa, câncer intestinal com metástase hepática. Terminal. Entrei no box.

Enquanto eu a examinava, ela segurou a minha mão. Mão áspera de quem muito trabalhou.

Olhei para ela. Ela riu. Eu ri de volta.

Agradeceu-me por encostar nela com suavidade. Estava indo embora e queria um pouco mais de humanidade. Estava cansada de só pegarem nela para tirar sangue, fazer exames. "Às vezes me sinto um saco de batata." Engoli em seco. Falamos das coisas de que ela gostava. Ela também quis saber de mim.

Antes de ir embora ela beijou minha mão.

"Que Deus te abençoe." Se ela soubesse que naquele dia eu precisei mais dela do que ela de mim.

Tem sempre um anjo atravessando o nosso caminho. Mesmo que esse anjo esteja prestes a voar.

Tem sempre alguém para soprar sua tristeza e te dar paz.

Existem. Estão por aí.

O PEQUENO MAL

Quando eu era criança e tinha crises de ausência
Tomava gardenal e tegretol
Epiléptica
Meu lobo temporal entrava em curto-circuito
Imagino as faíscas
Os neurônios excitadíssimos
E eu
Piscando e bocejando
E em algum lugar que não era ali
Gostava de ficar horas lendo
Vai ver até lia mais do que acreditava
Devido às tais ausências
Com 11 anos o médico tirou
Os "remédios de doido"
Cultura errada
Se toma gardenal, baba
Cresci
Hoje continuo não babando
Deveria?
Quem sabe...
Agora quem entra em curto-circuito
É o coração
E as crises são existenciais
E não há remédios
Mas há atenuantes
Escrever
Pra você
Por exemplo.

Amor-próprio

Afoga-te em ti
Tenha tempo para você
Parada, olhando para o teto
Em silêncio
Só você
Abraça-te
Pegue em você
Admire teu rosto
Suas rugas
Até sua gordurinha localizada
Acha-te
Queira-te
Seja grata por ser quem é
Seja gentil com você
Dê a você um presente
Beije sua imagem no espelho
Diga:
"Hello, stranger"
E descubra-se
O amor pelo outros
Deve passar primeiramente por você
Apaixone-se por quem você é
A vida sorrirá
E te trará flores, lírios
Amarelos.

CONFETES

Estou só aguardando o quarto parar
A cabeça sarar
O riso cessar
A bebida acabar
A fantasia inexistir
O beijo esgotar
O enjoo terminar
Os amigos se despedirem
Afinal, meu bem, é Carnaval
E eu só posso fingir que sou feliz
Hoje
(fotos no Insta... *please*)
A realidade chega tão intrusa e cinza na
    [quarta-feira...

JAB*

Menina, aquiete esse seu coração
Vai, respira fundo
Desde sempre reveses
Mas a força de onde vem?
Você acorda e dá de cara com os ponteiros do
      [relógio
Não quer, acha que não consegue
Você precisa levantar
Porque somos a energia que movimenta o mundo
E se você não estiver lá vai fazer falta
Eu vou sentir sua falta
Sabe aquela frase... "Viver ultrapassa todo o
      [entendimento"?
É isso, sem exigências
Sem cobranças
Sem porquês...
Não é para ser agora
É, querida, a vida bate forte
Bate pesado
Os golpes são precisos e certeiros
Por um único e simples motivo
O que a vida quer da gente é só uma coisa
Coragem.

---

* Soco rápido e de longo alcance usado nas lutas de boxe.

Para os abstratos...

Ela olhando distraída pela janela enquanto chove
Ele lendo um livro no metrô
Ela, fortuitamente lixando as unhas, solta um
    [suspiro
Ele, de bobeira, jogando bola para o cachorro
Ela mandando mensagem para a amiga numa
    [tarde de terça-feira no WhatsApp
Ele comendo pão de queijo apressado porque vai
    [chegar atrasado no trabalho
Ela acordando preguiçosa com o sol entrando no
    [quarto
Ele se barbeando e todo despenteado
Ela, com fé na vida, rezando à noite pedindo
    [coragem
Ele bebendo uma Skol Beats e pensando nela
As pessoas nem sabem, mas são lindas quando
    [estão em momentos de descuido
Você com você é puro encantamento.

RUNNIG

O dia começou quente. Aquele calor que amolece as nossas vontades. Tentou não pensar em nada enquanto corria. O suor descia pelo corpo. A nuca molhada. Endorfinas. Pulso acelerado. Ultimamente esse era o único prazer real que tinha. Acordar era chato, escovar os dentes era chato, escolher a roupa para sair era chato. Talvez ela mesma estivesse insuportável. Mas para correr não. Virava uma deusa do *cooper*. As suas necessidades não satisfeitas, o mau humor eventual, a raiva reprimida, o que não saía no divã saía ali, no asfalto.

Um dia, durante uma corrida noturna, um bêbado em um carro esportivo perdeu a direção. Poderia ter ido de encontro ao muro, mas deu de cara com ela. Só se lembra da pancada. Múltiplas fraturas. Perdeu a perna esquerda. Esmagada nas ferragens. Cheiro de sangue misturado com gasolina e borracha queimada.

Quando acordou, duas semanas depois, sentia dor nas pernas. Passou a mão tateando, não conseguiu apalpar. Sentia dor até no que não existia mais. O choro foi convulsivo. Teve que ser sedada e contida.

Lentamente veio o processo de aceitação. A depressão. A tentativa de autoextermínio, frustrada. Mas, como o inesperado a levou para o escuro, também a trouxe para a luz. Conheceu, na fisioterapia, um corredor também amputado, a perna direita. A outra perna metálica tinha o nome de Margôt. Sentiu vontade de viver de novo. Quis sentir o suor e o calor. Quis a taquicardia. Quis a dor e a recompensa outra vez.

Corriam juntos. Metal com metal.

Casaram dali a seis meses.

Fez um vestido branco curtinho, queria exibir a prótese.

Ele chorou quando a viu entrar na igreja. Era a mulher mais completa que conhecera na vida. Os deuses tiveram inveja dele.

Vieram os filhos. Foram tantas alegrias que nem se lembravam mais do real motivo que os unira.

A vida foi corrida. E eles quiseram que, juntos, ao menos o tempo passasse...

Bem devagar.

Antero, o encantador de cavalos

– Doutora, o paciente do box 9 arrancou o tubo!

Corri para ver o incidente. Nem tinha pegado o plantão ainda. Chegando ao box, conheci o dono dos olhos mais azuis que já vi na vida. Aquele azul-petróleo me deixava meio zonza.

Antero era um idoso alto, estrutura forte, cabelos grisalhos. Um fazendeiro rústico.

– O que é isso, Seu Antero?

– Quem é você? – ele quis saber.

– Sou a médica.

– Ah, então esse cano aqui é responsabilidade sua? – falou segurando o tubo na mão.

– Esse tubo é pra te ajudar a respirar.

– Grande coisa! Eu tenho metástase até na unha. Não preciso respirar, preciso de caixão.

Quis rir porque, apesar do humor negro, ele tinha certa razão.

Antero foi diagnosticado com câncer de próstata com metástases ósseas e pulmonares. Tudo começou por conta de uma dor de coluna insuportável, fraturas patológicas de vértebras. Não estava andando mais e nos últimos seis meses vivia internando devido a quadros frequentes de insuficiência respiratória.

Apesar de ter uma personalidade sistemática, mantinha seu senso de humor intacto.

– Doutora, sabe por que eu estou aqui?

– Diga, Seu Antero.

Levantou o dedo indicador e falou:
– Por causa de uma dedada! Eu fugi do exame. Fui bancar o macho e olha o que deu!

A filha dizia que as coisas que ele mais amava na vida eram a esposa, que havia morrido cinco anos antes, o que deprimiu muito, o pai e os seus cavalos. Aos 76 anos ele ainda montava, daí veio a doença e tirou o único prazer que lhe restava.

Seu Antero pediu para ter alta do CTI e em comum acordo com a família pediu para ir para casa. Sabia que o fim estava próximo e queria passar do melhor jeito.

Um dia antes de ir embora fui vê-lo no quarto.

Agradeceu por tudo. Falava ainda um pouco ofegante. Tinha um derrame pleural que optou por não drenar.

– A morte tem cheiro, doutora, nós dois sabemos disso. Mas ninguém fala, não é? Somos cúmplices da minha libertação.

Foi-se.

Uma semana depois recebo a ligação da sua filha.

– Papai morreu da maneira que quis. Deixei-o sentado na poltrona, na varanda lá da fazenda. Fui buscar o jantar. Quando voltei o encontrei de olhos abertos e vidrados, sem vida e com lágrimas no rosto. Do lado dele, não sei como, estava o seu alazão. Cheirando e empurrando a mão dele com o focinho.

Fiquei pensando em seus instantes finais. Partiu de onde queria, do lado de quem queria e com o que mais gostava. Seu Antero teve uma boa morte.

O sol se pôs e ele pegou o seu chapéu de boiadeiro. Hoje cavalga em estrelas.

Julieta e seus homens

– O que vamos fazer agora, doutora?

Foi essa pergunta ampla, metafísica e quase filosófica que recebi após dar um péssimo diagnóstico.

A paciente era uma senhora de 88 anos, vítima de um AVC hemorrágico hemisférico. Ficaria em estado vegetativo na pior das hipóteses; na melhor, faria a passagem. Digo isso do meu ponto de vista de médica, que entende vida como outra coisa, do meu ponto de vista de paliativista e intensivista. Mas, claro, não me compete julgar.

A pergunta me veio de um dos três filhos de dona Julieta.

Eram quatro filhos. O mais velho, esquizofrênico, perdeu-se no mundo e nunca mais tiveram notícias. Ficaram Luís, Roberto e Lúcio. E a rainha, como costumavam chamá-la. Ninguém ousou casar ou sair de casa. Uma idosa com seus filhos idosos e ao mesmo tempo meninos. Fiquei curiosa pelo contexto familiar. Fui descobrir, conversando com eles, que dona Julieta ficou viúva ainda jovem, com os "meninos" todos muito pequenos. Teve oportunidade de se casar de novo outras vezes, mas não quis. Deu um duro danado. Lavadeira, empregada doméstica e costureira. Os filhos contam a história, cheios de emoção. Conseguiu estudar os três. Era o orgulho. Mas os três não conseguiram romper a casca do ovo. Dona Julieta deveria ser um ovo de casca grossa ou uma casca leve e fina de amor? Não sei ao certo. Vendo como falam dela e alisam seus cabelos no horário de visitas fica difícil responder.

Três homens já feitos, inseguros, medrosos e frágeis.

O coração aperta. A rainha soube ser essencial demais. Não soube se fazer faltar.

A resposta que pude dar foi:

– Vivam. Não tem outro jeito.

Vai doer. Vai ficar um vazio personificado. Um vazio com corpo.

E o amor também é isso. Amor é preencher vazios.

Suspensos

Sabe aquele livro que você não leu?
Aquele riso escancarado que você não soltou?
Aquele abraço de despedida que ficou pra trás?
Aquela ligação que deveria ter sido feita de
    [madrugada, bêbada?
Aquela torta de chocolate?
O beijo na chuva?
A visita no fim de tarde para aquela amiga que
    [tanto te faz bem e você não foi?
O passeio a pé ao qual seu pai te chamou para ir
    [junto?
Olha...
Essas coisas não foram realizadas
E estão de alguma forma suspensas no ar
Te esperando
Porque momentos felizes sempre nos esperam,
    [com olhos de ansiedade
De mansinho, sussurram no seu ouvido
Onde você está?

O MENDIGO

Tem um velho na porta da padaria
Todos os dias ele está lá
Ele sorri
Ele tem só dois dentes
Ri com os olhos úmidos
Não é de choro
Já deve ter chorado demais nessa vida
O velho me lembra o Cartola, o grande cantor
Sentado no chão
Pernas cruzadas
Arruma seu cigarrinho
Às vezes chega o Leão, seu fiel canino
Leão também é simpático
Um dia ofereci dinheiro
Recusou com certa dignidade no gesto
"De moça bonita só aceito cerveja, mas o menino
    [aqui come"
Dei uma Heineken a ele e um biscoito para o bicho
"Agradecido. Que Deus lhe acompanhe"
Meu velho, talvez Deus não esteja em nenhuma
    [parte e ao mesmo tempo está em todas
Você aí sentado, espectador de tudo
Sereno e sem ambição
Parou de pagar boletos já faz uma eternidade
Deve a seu modo ter entendido alguma coisa
Que no momento me escapa
Que talvez sempre me escape
Voltei. Comprei uma cerveja para mim também
Esse velho
Que inveja!

HSAE*

Hoje eu queria escrever um texto que trouxesse paz aos homens. Um texto que desse esperança.

Através de palavras, que eu levasse analgesia e confortasse algum coração. Você sabe que é o seu.

Quem sabe arrancasse um riso frouxo.

Te entregasse um sono e um sonho de dias azuis.

Bebe sonhos comigo?

Hoje eu queria uma taquicardia de emoção.

De emoção pura e boa.

Mas você dizer para um pai que sua filha ainda jovem e com um futuro inteiro de tocaia não passará desta noite tira do ar qualquer possibilidade de poesia.

– Ela vai dormir até quando?

– Para sempre.

Nessas horas o silêncio tem o peso exato de uma esperança vã.

Ele ainda se despede com gratidão.

Qual o tamanho do seu ser para caber tanta dor e gentileza?

Eu sofro. Ele sofre. E ela dorme para sempre.

Hoje eu queria. Hoje eu não consigo.

Dias assim são intermináveis.

---

* Sigla para hemorragia subaracnóidea espontânea.

Ansiosos

Tensão...
Estresse
A taquicardia
A boca seca
A dor no peito
A cefaleia em opressão
A insônia
As unhas roídas
O choro que te afoga
Os pensamentos em atropelo
As pernas agitadas
A enurese noturna
O autoflagelo
A vontade de sumir
A sudorese
A dor muscular
A sensação iminente de morte
O que você faz com a sua ansiedade?
Com a sua sandice que te entrega saindo
    [pelos poros?
Uns bebem
Uns brigam
Os desavisados afetivamente
Uns se entopem de comida
Outros se drogam
Há aqueles fluoxetinizados
Outros apagam o incêndio com frontal
Pouco importa a ressaca

O vácuo mental no dia seguinte
Uns malham
Esse mundo inseguro, estúpido e impiedoso
Cumpra o nosso objetivo
Só queremos de você a perfeição
Nada menos que isso
Sofra, essa é a meta
E aqueles (os esperançosos)
Escrevem
Escrever para não
Enlouquecer.

Ateu à toa

Hoje eu acordei e rezei
Rezei para um Deus em que quero acreditar
Sou herege frouxa
Sou católica banguela
"Você não acredita Nele, mas tem imagem de
São Francisco para todo lado"
Verdade. Minha treta com São Chico é outra
    [história
Tem dias que a beleza no mundo é tanta
Que você, mesmo na descrença, dá de querer
Amar o indivisível
É um cachorro
Uma velha na rua
Um doente milagrando
Uma criança com as mãos sujas de massinha de
    [modelar
Uma flor crescendo, sabe-se lá como, no trincado
    [do asfalto
A força motriz que gera a vida
E o coração amolece
E eu quase me esqueço que exista dor
E agradeço meio que pedindo perdão
Hoje eu vou acreditar em Ti assim como sei
Que também olhas por mim
Só hoje
Que sou orgulhosa
Mas amo-Te
Por tanta beleza
Que assim seja
Amém.

Rute, a lembrada

Rute tem 78 anos. Distraída, com 65 anos começou a deixar o fogão ligado. A cozinha incendiou. Esquecia as chaves.

Com 67 não sabia onde parava o carro.

Aos 70, um dia, se perdeu na rua. Não sabia voltar para casa. Aos 72, não conhecia mais os filhos nem o marido.

No aniversário de 74 já estava acamada. Aos 76, sondas e fraldas. Desconectada de si, foi morar no asilo.

Hoje, aos 78, dorme a maior parte do tempo e emite alguns sons.

Totalmente aprofundada na sua demência de Alzheimer em estágio terminal.

Roberto tem 80 anos, é o marido de Rute.

Eles têm 60 anos de casados. Cinco filhos.

Roberto é todo torto devido à artrose. Anda com dificuldade, usa bengala.

Todas as quartas-feiras e aos sábados se arruma, penteia os poucos cabelos, faz a barba, veste terno e se perfuma. Passa na floricultura e compra crisântemos. Diz para o vendedor: "Minha namorada gosta!".

Chega com suas perninhas vacilantes ao asilo. Tremendo as mãos.

Dá um beijo na testa dela. Senta e segura em sua mão enrugada de velha. Durante uma hora inteira.

Ninguém diz uma palavra. O som que se ouve é a respiração dos dois.

A cortina é afastada um pouco pelo vento.

Entra um raio de sol e ilumina o perfil do casal.

O quarto é só amor. E saudade.

O ESSENCIAL

Há quem diga que as pessoas
Precisam de coisas essenciais para viver
Há quem diga que seja dinheiro
Outros concretamente dizem
Talvez um bom trabalho
Os sentimentalistas afirmarão:
Precisa-se de amor
Os idealistas enfaticamente:
Precisa-se de sonhos
O faminto só quer pão...
O imbecil só gostaria de mais uma
Discussão
O intensivista gostaria de manter uma vida
Com mais uma hemotransfusão
O político gostaria de manter a sua vida
(ceifando a de vários outros) com mais uma
Corrupção
E eu daqui do meu canto
Observo
Olho
Vejo
Absorvo
E entendo
Que só precisamos, eu, você e eles
De um bom vinho e de
PAZ.

Herege

– Você acredita em Deus?
– Não. Mas tenho até uma ponta de admiraçãozinha por vocês que acreditam.
– Eu acho que você acredita. Pessoas boas como você têm Deus dentro de si.
– As pessoas que soltam bombas dizem a mesma coisa.
– Mas... Quando você se despede de mim, me pede para ficar com Ele! Me manda ficar com algo que não significa nada para você?
– Eu peço para você ficar com algo de que você goste. Posso te mandar ficar com um prato de brigadeiro da próxima vez...

Ela riu... Silêncio, uma ouvindo a respiração da outra... talvez até os pensamentos.

– Mesmo assim acho que você acredita.
– *Como é que eu vou viver num mundo onde as coisas se parecem a seus nomes?*[*]
– É a fé!
– Eu tenho fé, só não tenho a doce ilusão.
– E você precisa de que para acreditar?
– Eu já creio. Acredito em você, por exemplo. E isso já me basta.

Ela ficou satisfeita com a resposta.

Ligamos o Netflix. Já ia começar nossa série favorita.

---

* Adélia Prado.

Dente-de-leão

Ela não conseguia ver macro como exigiam dela
Era nos detalhes que sua alma se satisfazia
Essencialmente, gostava da simplicidade
Do riso frouxo, de sentar no chão, de fumar um
    [cigarrinho nos momentos de ebulição
Todos estavam indo rápido demais
O ritmo dela era outro
O mundo não precisava mais de relógios
O tempo era medido em vidas perdidas
Quando não se conseguia mais andar descalço na
    [grama molhada
Nem rir de si mesma
Nem caçar borboletas imaginárias
Nem ser leve como pétalas de dente-de-leão
Se achava totalmente deslocada em um mundo
    [cheio de filtros
Tinha a essência vintage
Uma tatoo nas costas onde se lia: acredite.
Não, não há muitas de você por aí
Bicho raro
Bicho solto
Livre.

Lady Gaga

As pessoas nem se dão conta de como às vezes podem ser interessantes...

Cenário: um restaurante numa cidade mineira. Pintado com paredes vermelhas e tocando uma musiquinha clássica daquelas de elevador. Uma vez li numa revista dessas de consultório de dentista que isso faz a fome das pessoas aumentarem. Eu achava que o que fazia a fome das pessoas aumentarem era a comida ser boa.

Enfim...

Protagonista: Hemengarda.

Coadjuvante: Eu, que estava sozinha e obviamente atenta à conversa da Hemengarda na mesa ao lado.

Coadjuvante 2: Lúcio. Que estava conversando com Gagá (já apelidei Hemengarda).

Sentei a uma mesa de dois lugares longe do salão principal e longe da musiquinha sonífera.

Logo, chega Gagá, esbaforida, conversando em seu iPhone.

Hemengarda devia ter lá seus 40 anos, alta (ok, estava de salto), magérrima, cabelos castanho-claros com um corte chanel de bico e roupa social. Pensei: *Fina!*

Eu imagino coisas sobre as pessoas, não adianta.

Sentou-se à mesa do lado com seu prato e colocou o celular no viva-voz...

– Lúcio, me conta essa história direito!

– Não tem história nenhuma, amorzinho.

– Como não tem? Cheguei no seu apartamento e encontrei duas taças sujas de vinho em cima da mesa de centro! DU-AS (ela falou pausadamente), Lúcio!!

– Ué, tomei nas duas. Qual o problema?

Pensei 1: *Lúcio, seu safadinho!*

– Você acha que eu sou trouxa, Lúcio? Viajo a trabalho uma semana e você coloca uma px$& dentro de casa? Até o Teodoro (o cachorro) estava sem graça comigo.

– Princesa, escuta, você tá pirando. Que coisa!

Pensei 2: *Chamou de princesa. É critério maior para chifre.*

Ela continuava falando com a boca cheia de berinjela e manga (o que explicava em parte aquelas clavículas à mostra).

– Ahhh, é!? E aquele cheiro de perfume adocicado no seu travesseiro? Hein!? Hein!?

Fez-se um longo silêncio do outro lado.

Pensei 3: *Agora ela te pegou, meu querido!*

– Ah, vida minha, deve ser da dona Inês, meu amor!

– É!? Desde quando você dorme com a faxineira?

Nisso Gagá já soltava sangue pelos olhos e fumaça pelas ventas!

– Luuuuciiioooooo, seu cínico!! E a camisinha na lixeira do banheiro?

(Hemengarda só podia ser detetive!)

Eu estava levantando pra sair, desisti. Agora queria ver a cara de pau do traste. Nessas alturas nós duas queríamos fuzilar o Lúcio.

– Benzinho, eu estava só experimentando. Saiu uma linha nova...

Antes que ele terminasse de falar, Gagá desligou.

Estava descabelada, comida fora do prato.

Pensei 4: *Cara de choro e chifre na testa*.

Levantei. Quis dar apoio.

Nem sei se Gagá era uma chata opressora de homens indefesos. Mas me solidarizo com gente de coração partido.

Pedi ao garçom para levar uma garrafa de vinho para ela por minha conta.

Fui embora.

Nessas horas tudo que a gente precisa é de álcool.

Réveillon

Uma hora da manhã, toca o telefone.

Eu estava ouvindo (*I Can't Get No*) *Satisfaction* dos Rolling Stones no celular. Acho uma excelente música para começar o ano. Na verdade uma excelente música para começar qualquer coisa.

Atendi. Era do pronto-socorro pedindo vaga para uma jovem em cetoacidose diabética. Aceitei, coloquei no replay; começamos bem.

Entra Bianca, 24 anos, vestidinho curto branco, cabelos castanho-claros longos, desacordada e suja de vômito. Pulseirinha de boate no pulso esquerdo. Um odor de acidez misturado com Chandon Rosé Passion e 212 (o perfume). Nauseante. Glicemia 650. Nada como uma cetoacidose diabética e uma boa playlist para deixar a madrugada interessante.

Fui conversar com a família. A mãe transtornada. Ficou bem evidente que a filha tinha um comportamento autodestrutivo. Negava a doença e já era cliente assídua do PS. Há uma semana, depois de brigar com o namorado, resolveu ir um pouco mais adiante e parou de aplicar insulina, além de comer compulsivamente. Aproveitou o Réveillon para concluir o ato com glamour. Bem teatral, porém ninguém aplaudiu.

Escolhi minha seleção musical para tratar cetoacidose diabética: Queen. Tenho uma playlist para cada doença braba. Vocês adorariam a de choque cardiogênico.

Cinco horas depois, glicemia mais estável, íons estáveis, acidose resolvida. Fui ver o primeiro sol do ano do box dela. Box 8.

Ela abriu os olhos, ainda sonolenta, tentando se encontrar.

– Nossa, que lugar é esse?
– É O CTI, Bianca.
– Quem é você?
– A médica que te atendeu.
– Achei que estava no inferno.
– O capeta não é tão bonito.
– A ideia era morrer...
– Com Chandon Rosé? Pouco provável.

Ela levantou as sobrancelhas como se dissesse: "Você é insuportável".

– E esse cheiro?
– Você gosta?
– Não, é meio nojento, azedo, agridoce.
– Esse cheiro é o seu.

Ela ficou calada, e o sol lá fora chegando tímido, preguiçoso. Aquela aurora laranja-avermelhada. Obviamente o sol também estava de ressaca. Continuei...

– Esse cheiro é o seu quando nega a vida.

Ela começou a chorar.

– Você agora vai pagar pau como todo mundo faz?
– Não. Você está com sorte, eu não pago pau em dias ímpares. Coisa de quem tem TOC, você não entenderia. Mas se fosse amanhã estaria perdida.

Ela riu. Sabia o que era TOC.

– Doutora, obrigada.
– De nada, flor.

– Começar o ano dentro de um hospital será que traz sorte?

– Acho que sim. Já comecei vários.

Riu de novo.

– Bianca, não é com açúcar e álcool que você resolve seus problemas, entende? Um erro não vai corrigir outro.

Ela abaixou a cabeça, não quis me encarar.

– Acho que você está pagando pau.

– Minha terapeuta é boa.

– Me passa o telefone dela?

– Passo.

– Obrigada de novo.

– Não quero te ver aqui outra vez.

– Vou tentar.

– Feliz Ano-Novo, Bianca.

Apertamos as mãos.

Passei o plantão. Cada um com suas pulsões, seus mecanismos de defesa, seus sonhos e desejos. E sua maneira de se sustentar. Loucura. Vencer essa noite tão escura. Nós só queremos amor.

Entrei no elevador, apertei o P, apertei minha playlist. *Come and get your love*, Redbone.

A porta se fechou. Ri sozinha. Sabia que meu dia seria bom.

Agora era café, Nike e correr.

Meu açúcar é endorfina.

Paz

É o sono bem e naturalmente dormido
Sem a taquicardia costumeira
Sabendo que tanto faz se o futuro der certo ou não
É não esperar e tolerar o presente sem angústia
É tomar o café amargo mesmo quando o açúcar
      [acabou.

Catarse

No que você mais pensa à noite quando apaga a luz?

No que você mais pensa naquele instante em que o sinal fica vermelho?

No que você mais pensa quando está debaixo do chuveiro, cansada(o), exausta(o) depois de um dia de cão?

No que você mais pensa quando de manhã se olham no espelho, sozinha(o)?

Ou você não pensa?

Qual é o *transe*? A *vibe*? O *insight*?

Seus pensamentos definem você.

LUANA

– Se prepara que seu plantão hoje não vai ser fácil – disse meu amigo de plantão.

– Agora me conta uma novidade, gordinho.

– É sério. Recebi um politrauma essa madrugada. Catástrofe. Só ela se salvou.

Luana, 22 anos. Em um acidente de carro, perdeu o pai e o irmão, ambos sem cinto de segurança. Teve fratura exposta de perna direita e um pequeno sangramento cerebral por causa do trauma, além de uma lesão axonal difusa, que é quando ocorre um desarranjo neuronal e o cérebro fica inchado.

Peguei o plantão. Ela ainda estava no bloco cirúrgico com as equipes de neurocirurgia e ortopedia.

Realmente, foi um plantão bastante tenso.

Luana ficou conosco no CTI por dois meses.

Recuperou-se bem das fraturas. Mas o quadro neurológico inspirou sempre bastante cuidado.

O coma induzido durante um longo tempo foi necessário devido às sucessivas crises convulsivas e mioclonias de difícil controle, até conseguirmos ajustar as doses dos inúmeros medicamentos que tomava.

Em dois meses aquela moça bonita de olhos cor de mel e cabelos longos infectou, ganhou uma traqueostomia e perdeu peso.

As notícias diariamente passadas à família eram carregadas de muita ansiedade. Afinal de contas, só restara Luana para voltar para a mãe.

Um belo dia, conseguimos tirar a sedação e Luana começou um despertar mesmo que débil. Sem crises convulsivas.

O cabelo já estava crescendo espetadinho (foi todo raspado para a cirurgia neurológica) e ela já conseguia ao menos nos acompanhar com os olhos quando chamada.

Luana teve alta do CTI. Tudo que precisava agora era de carinho e bastante trabalho de reabilitação. Foi para casa um pouco melhor do que quando saiu do CTI.

Oito meses depois, em uma terça-feira à tarde, recebemos uma visita inesperada.

Luana e Leandra, sua mãe foram pessoalmente nos agradecer. Se os pacientes soubessem como ficamos felizes em vê-los depois que se recuperam, iriam nos visitar mais vezes. O CTI todo foi à antessala para vê-la, incrédulos. Eu mesma não conseguia imaginar que aquela moça que só abria os olhos agora andava! Teve foto com a equipe. Houve olhos marejados.

Tive a curiosidade de fazer alguns questionamentos. Do que ela se lembrava.

– Lembro-me do meu pai gritando "cuidado". Eu estava dormindo e acordei com a pancada e o balão do airbag no meu rosto.

– E depois?

– Depois me lembro de alguns flashes aqui no CTI. Não sei bem, doutora Talvez seja efeito da sedação. Algumas vezes eu sentia dor, tentava me comunicar, mas não conseguia. Achava que estava movendo o braço, mas não estava. Era desesperador.

– Do que mais você se lembra?

– De coisas boas e ruins. Você estava na parte boa. Sua voz. Lembro-me muito do que ouvia.

– Hum...

– Lembro-me de você falando: "Bom dia, Luana! Acorda que já está tarde!". E aí depois sentia uma mão no meu rosto. Era você?

– Era sim.

– Logo perto da minha alta (ela parou e riu timidamente), lembro-me de você falando assim: "Gente, vamos passar um batom nessa menina". Vocês passam batom nos pacientes aqui dentro?

Ri alto.

– Isso aconteceu mesmo, Luana. Você estava muito pálida esse dia.

– E o que aconteceu?

– Não achei o batom, daí te dei duas bolsas de sangue – brinquei.

Ela sorriu.

Antes de sair, abraçou-me e me deu um beijo no rosto. Cochichou no meu ouvido:

– Obrigada por não ser uma das vozes que disseram que eu não aguentaria.

Olhei enigmática para ela.

– Essa era a parte ruim.

– Obrigada por voltar e me lembrar de não desistir – eu disse.

Foi embora, andando com certa dificuldade, apoiando no ombro da mãe.

Voltei para o CTI.

Sentei e fui escrever esta crônica.

Judite, com açúcar

Hoje, enquanto tomava meu café (sempre), lembrei-me de um episódio.

Quem trabalha com terapia intensiva sabe que, invariavelmente, a primeira palavra que quase todo paciente extubado diz é: água.

Nem sempre dá para atender prontamente ao pedido pelo risco de aspiração.

Certa feita, extubamos uma paciente, uma senhorinha nonagenária, e a palavra veio em alto e bom som: CAFÉ!

Pensei: *Meu Deus, essa dona sou eu!*

Pedi para arrumarem um cafezinho pra ela. O enfermeiro me olhou assustado.

– Sério, Carminha!?

– Seríssimo! Se eu fico horas sem tomar, já fico abstinente. Imagina ela, que está há sete dias.

Providenciamos o café quentinho.

Dei um copinho pra ela e peguei um pra mim.

Ela bebeu devagarinho, sedenta, que nem um passarinho. Fazia até biquinho com a boca murcha, sem dentes.

– Tá bom, Dona Judite?

– Uma delícia!!

Depois deitou e dormiu, semblante de paz.

Aquele rosto eu conheço.

A satisfação que só a cafeína dá.

Alex

– Você sonha? – ele quis saber, mexendo com a colherinha o café.

– Sonho, mas não me lembro de quase nada – eu disse.

Ele riu e soltou uma baforada de fumaça do cigarro, fazendo círculos no ar.

– Não, quero dizer dos sonhos de verdade, projetos, vontades, grandes realizações.

Daí parei de escrever com o dedo na janela. Dia frio.

– Sonho. Mas não sei se vou conseguir ser astronauta da Nasa antes dos 40. Tô fazendo as contas aqui...

Ele riu de novo...

– Por que os sonhos existem? – ele perguntou.

– Para serem realizados. Mesmo que não passem de descarga neuronal. Neurotransmissores safadeando ou um bordel inconfesso para tio Freud – respondi.

Daí foi a vez de ele olhar para fora. Engoliu em seco. Pedi outro café.

– Sem açúcar, por favor.

Ele acendeu outro cigarro.

Ficamos em silêncio. Aquele silêncio que só grandes amizades suportam.

Ele morreu um mês depois.

Foi ver estrelas antes de mim.

NAS GERAES

Grandes atos de generosidade de um ser humano para com o outro: fazer o outro rir e fazer o outro pensar.

Quando você ri, seu cérebro relaxa e assim você pode fixar melhor uma ideia.

Mas na contramão e no puro egoísmo estamos assistindo, espectadores, justamente ao contrário.

As pessoas estão tristes e com uma preguiça danada de fosforilar.

Onde está o erro?

Precisamos de mais tempo para a autocontemplação?

Precisamos mais de Deus?

Precisamos parar e brincar mais?

Precisamos não precisar?

Matuto e riobaldamente falando:

O espírito da gente é cavalo que escolhe estrada.[*]

---

* Guimarães Rosa.

FATAL

A pior hora do dia: 15 horas
Você está no meio
Nem o amanhã, com seu sol amarelo e gostoso
Nem o anoitecer com seu céu estrelado
A tarde é quente, sonolenta e pegajosa
A tarde é corpulenta
Aqui na minha frente uma mosca anda
    [cambaleando sobre a mesa
Poderia matá-la
(Teoricamente, sou uma deusa para esse inseto
A mosca me olha nos olhos, não me respeita, e voa.
Deuses estão em baixa, eu penso)
Mas quem me mata é o tempo
Os ponteiros preguiçosos de um relógio de parede
Se ao menos chovesse
É justamente no meio que nada acontece
Meio, morno, sem estímulo ou vida
Acenderia um Marlboro agora
Mas lembrei que não fumo
No rush, às três da tarde, suor, cansaço, peso
Sinto o pulso nas têmporas
O tum-tá frenético de um coração erradico
Um homem poderia morrer facilmente de raiva
    [ou pior...
De desilusão.

Amigas

– Vou casar! – ela disse animadamente para as amigas.
– Mas você não gosta dele – uma retrucou.
– Eu não gosto é de estar sozinha – ela reiterou.
Silêncio na mesa. Grilos ao fundo e na cabeça das meninas. De repente todo mundo também queria casar. Com qualquer coisa.
Toca o interfone. Era Jéssica, atrasada como sempre.
– Você demorou, garota. O que houve? – perguntou uma delas.
– Nada. Só terminando um filme.
Jéssica não namorava. Não ligava para solidão. Não ligava nem se tinha vestido a blusa às avessas. Era apaixonada demais por si mesma.

E... SE...

Imagina se você de repente acorda!
Em um quarto que não é o seu.
Numa data totalmente diferente de hoje.
Sua boca está amarga. Você bebeu muito.
Cefaleia, o teto dando *looping*...
Percebe que sonhou.
E o sonho era sua vida agora.
Como você se comportaria?
Levantaria na sua outra vida real porque,
    [afinal de contas, teve um grande e
        [incômodo pesadelo?
Ou fofaria o travesseiro e voltaria a dormir
    [porque o sonho te deixava feliz?
E... se... de repente...
Essa vida não é a sua?

ESCRITORES

Quando Clarice escrevia dias a fio suas "coisas de mulher", da alma feminina, como ela bem dizia, mesmo décadas passadas, você se pergunta como que alguém consegue ser tão atemporal.

Quando Bukowski escrevia seu niilismo, sua falta de esperança, seus porres homéricos, baseado na sua carência afetiva, você pensa que se identifica.

Não nos identificamos com nossos escritores preferidos por gostarmos de suas histórias. Não só por isso, são o sentimento e a dor fina suspensa no ar.

É como aquela delicada poeira que fica nos móveis e só os raios de sol da manhã conseguem revelar. Depois ninguém mais vê.

Quem escreve, na verdade, escreve por um motivo muito maior, mesmo que conscientemente não saiba.

A dor, a angústia, a alegria, as lembranças evocadas.

Poucas coisas na vida são mais caras em nós do que despertar um sentimento bom em alguém através de algo escrito, longe.

O tempo vai passar. Mas o sentimento poderá ser revivido, muito, muito tempo depois.

Essa é a razão maior da arte. Unir as pessoas. Fazer uma conexão das almas através do tempo.

As pessoas sempre se unirão por algum motivo.

Principalmente na dor e no amor, eternizados.

Deus, o anjo e a alegria

Uma pessoa, quando nasce, Deus diz assim (depois de tomar bons vinhos):

– Você vai lá e dê o seu melhor. Mas se por alguma razão você se desviar da sua essência será "punido". Certo, Gabriel?

Gabriel estava trazendo um café forte e amargo para o senhor. Café do sul de Minas é bom para ressaca.

O homem que estava para vir perguntou o que seria essa punição.

– Seria DST, senhor?

Deus deu um tapinha na testa, impaciente.

– Não, meu filho. Não seria tão galhofeiro com vocês. Brinquem à vontade.

– O que seria então? – O homem estava curioso.

– Depressão.

Ao dizer isso, afagou o cabelo da sua criatura... Sussurrou ao seu ouvido tão baixo que nem o anjo conseguiu ouvir:

– Meu filho amado, quando nos desviamos dos nossos sonhos, da nossa essência, do que realmente somos destinados, a alma entristece. Agora vai, seja feliz.

Alegria é a coisa mais séria que existe, como bem disse um dia o poetinha.

CACTOS AZUIS

Você pode achar que perde muito
Você só perde
Com um ano
Com 15
Com 26
Com 52
Ou na velhice
Sempre alguma coisa acontece
E no melhor da vida
No momento inesperado
As luzes se apagam
Você, *game over*, de novo
Olha para o lado e só vê estilhaços
De uma guerra que você mal começou
Te mandaram para o *front* sem um fuzil
Você só levou uma flor amarela
À noite você, obviamente, chora
Reza do seu jeito canhoto
E sonha com um dia azul de vitória
Onde não será mais golpeada
Você só quer o sublime olhar de aceitação
Esse que vem do espelho quando você não se
    [enxerga
Querida, tenha paz, tenha tempo
Um dia essa merda toda vai virar adubo
Espalhe suas sementes
Cactos também dão belas flores.

Armadura de papel

Sempre achei que a pior parte de trabalhar com terapia intensiva é o momento de dizer aos familiares a morte do ente querido.

Nunca me acostumei. É doloroso de todo jeito. Fico com a sensação de que serei lembrada por aquelas pessoas por um instante ruim na vida delas. Inevitável seria isso.

Dona Letícia era uma idosa que vivia internando no CTI, nossa velha conhecida e amiga. Tinha insuficiência cardíaca e já estava naquela fase terminal em que pouco poderia ser feito. Uma senhora muito simpática e resiliente apesar de toda dispneia que sentia.

Um dia, foi-se.

Chamei as filhas, já conhecidas. Disse que me sentia muito mal por ter que dar essa notícia. A filha mais velha, Sônia, surpreendeu-me com a resposta:

– Ficamos muito felizes em saber que ela morreu com a senhora, doutora. Já que não podíamos estar aqui do lado dela nesse momento de passagem e tão importante, pelo menos ela foi com alguém de quem gostava.

Pensei: *Quanta generosidade nas palavras*. Senti que fui beijada na alma. Que de alguma forma fui colocada no colo e afagada, e que alguém de fora também entende nossa dor (apesar da frágil armadura que inevitavelmente adquirimos com o tempo).

Não consegui responder, só consenti com a cabeça e com os olhos úmidos de lágrimas.

FEBRE

É quando suas citocinas se rebelam
E vão beber vinho na taberna
Que é o seu corpo
Fazem uma bagunça boa
É sinal de alegria e luta
Tudo dói
Cabeça, músculos e articulações
(a alma, essa dói sempre)
O estranho te invade
Mas elas não deixam
Acham que o mal vem das bactérias
Ingenuidade
O vilão mesmo é viral
Sorrateiro e melindroso
Ok! Você dominou o mundo
No momento seu mundo sou eu
É o que tem para hoje, vírus
Que o seu estrago seja menor
Que uma guerra do Paraguai
Minhas soldadas são do balacobaco
Só me deixam inapetente, fraca
Quero sentir cheiro e gosto novamente
Seja rápido, tem vida lá fora
Apesar do frio
Chega!
Enquanto elas te expulsarem

Vou tomar uma dipirona
E dormir
Enquanto todas as minhas defesas
Ainda me sustentam.

PERMITA-ME

Serenidade,
Se eu de alguma forma acreditasse nele
Pediria isso todos os dias
E se ele realmente existisse e me ouvisse,
Testaria-me até o último minuto
Daí eu ficaria descrente e o ignoraria
Na verdade
Foi justamente isso que aconteceu.
Deixei de acreditar em você
Acredito nos homens de bem
E quem são esses homens de bem?
São aqueles que não se escondem atrás de você
 [para praticar generosidades.
Qualquer pessoa que não mate ou minta em
 [seu nome.
Tirai de mim, Senhor, a descrença em ti.
Tão longe e às vezes tão perto.
Se você realmente está aqui, dê-me a ignorância
 [necessária para tudo aceitar
Dê-me a cegueira fundamental de um
 [mundo belo.
Os olhos, quando realmente se abrem
É como Manuelzão dando os óculos a Miguilim
A dor é tão reveladora, tão linda
Que eu choro
Em silêncio.

POLITRAUMA

Você tem 20 e poucos anos.
Está deitado na cama.
Foi depois daquele acidente.
Múltiplas fraturas.
Você estava bem.
Hoje você está com febre.
Hoje você convulsiona.
Há dias olhando para um teto branco.
Se você pudesse dizer, diria:
"Continuem! Não desistam de mim."
E é assim mesmo.
O que nos diferencia como bons humanos é isso,
Continuar
Por alguma coisa ou por alguém.
Propósitos.
Você dorme a maior parte do tempo
Sedado, sem dor.
Tenhamos mais do que fé.
Paciência.
Para algumas doenças além de remédio
Tempo.
Um dia tudo voltará ao normal
E suas lembranças serão gabaergicamente
Diluídas.
Um dia,
Você voltará a ter 20 e poucos anos.

VICENTE, COM MANTEIGA

Plantão tumultuando.
O telefone toca pela milésima vez.
– Doutora, estão pedindo vaga para um paciente com AVC.

Assim foi meu primeiro contato com ele, Vicente.

Um paciente "espaçoso" tanto pelo tamanho quanto pela vontade de conversar. Vicente chegou assustado ao CTI. O que é natural para um homem como ele, sempre tão ativo e trabalhador. Ficava ansioso com tantos fios no corpo e tantos aparelhos apitando.

Vicente tem fibrilação atrial e, não satisfeito, uma obstrução na carótida interna esquerda.

– Bom dia, Vicente!
– Bom dia, doutora!
– Você entendeu o que aconteceu com você?
– Disseram que foi derrame, que meu coração bate estranho e que o cano aqui está entupido (levou a mãozinha gorda apontando o lugar).
– Isso mesmo, Vicentão! Mas tem como resolver, viu!?
– Eu corro risco de morrer, doutora?
– Corre. Desde quando você nasceu!
(ele arreganhou os dentes, rindo)
– Doutora, a coisa que eu mais gosto neste mundo é de mulher. A senhora tem que conhecer a Ivone, minha esposa! Isso aqui não vai me atrapalhar não, né?

Fui entender tempos depois o que era esse "atrapalhar".

Feitos os procedimentos, anticoagulado por causa da arritmia. Vicente teve alta para o quarto.

Um belo dia apareço para visitá-lo.

Chegando lá encontro Vicente todo bonachão esparramado na poltrona, tomando café e comendo pão com manteiga da roça.

– Vicenteeeeee! O que é isso!?

– Uai, café. A senhora aceita?

– Não, Vicente. Isso aqui é manteiga?

Ele viu pelo tom da minha voz que estava fazendo coisa errada. Todo amuadinho respondeu:

– Mas é tão gostosa!

Fiquei com pena, mas não podia aliviar.

– Vicente, o seu "cano" entupiu por isso. Quer entupir o outro?

Antes que ele respondesse, adentrou uma moça no quarto, uns 25 anos mais nova que ele.

– Estou falando aqui para o seu pai...

– Ele é meu marido! – ela disse.

Senti minhas bochechas corarem, tive vontade de pular dentro do pote de manteiga do Vicente.

Ele, percebendo minha falta de jeito, soltou uma risada estrondosa.

– Essa é Ivone!! Todo mundo se confunde, doutora. Também, a culpa é minha por arrumar mulher bonita.

Ivone ria junto.

Poucas vezes conheci um casal com tanta harmonia nos gestos, no olhar e no humor.

Nos tornamos grandes amigos.

No dia da alta, fui me despedir e disse que gostava muito dele. Gosto de deixar bem claro para meus pacientes esse afeto. Vicente, emotivo como é, tremeu o queixo e deixou rolar duas lágrimas.

Hoje está quase 30 quilos mais magro. Parou de comer manteiga.

E eu preciso ir comer o churrasco que ele me prometeu.

MÁRIO

Saí do elevador apressada.

Tinha alguém na antessala de espera. Passei e disse bom dia. Ele respondeu.

Peguei o plantão. Era só mais um dia comum de trabalho. Pelo menos eu achei que fosse. A secretária do CTI me avisou de que tinha alguém me aguardando. Um moço querendo me ver. Abri a porta para recebê-lo.

– Pois não?

Era um homem bonito de meia-idade, magro, cabelos começando a grisalhar. Abriu um sorriso.

– Dra. Carminha, tudo bem? Se lembra de mim?

Geralmente tenho boa memória para rostos. Fixei o olhar. Ele ajeitou a camisa. Pensei. *Não é possível, ou é?*

– Mário?

Ele riu de novo:

– Lembra que passamos o último Réveillon juntos aqui dentro?

– Lembro, claro. Você, com um infarto gigante, se preparando para a cirurgia.

Mário, 43 anos, empresário estressado. Sedentário, tabagista, obeso, pré-diabético. Casamento falindo. Uma bomba-relógio prestes a explodir. E explodiu. Chegou ao meu plantão no dia 31/12/2015. Era um infarto extenso. Lembro-me da nossa conversa e do medo dele enquanto começavam os primeiros minutos de 2016. Fez a cirurgia de revascularização miocárdica. Ganhou umas pontes. E ganhou esperança.

Nunca mais tive notícias dele. Hoje aparece um cara 25 quilos mais magro, mais jovem e feliz. Vendeu a empresa. Comprou um haras, gosta de cavalos. E agora corre maratonas. Separou-se e namora uma veterinária. Veio me dar um abraço depois de um ano. Sentia-se muito grato por tudo que fizemos por ele.

Mário era a personificação do que posso chamar de vida em toda sua plenitude.

– Doutora, em frente ao box tinha um relógio. Lembro que eu olhava para ele enquanto ouvia os fogos. Eu, que nunca fui muito de rezar, pedi a Deus mais uma chance. Eu realmente sentia que ia morrer.

– Daí eu cheguei com um prato de farofa e pernil, você se lembra?

– Lembro. E cochichou: "É escondido, tá!? A gente não faz isso aqui não". Eu perguntei se podia e você disse: "É Réveillon. Hoje a gente pode tudo".

– Foi mesmo.

– Esse seu "a gente pode tudo" me fez repensar a bagunça que estava minha vida. Então mudei.

– Um lindo Mário!

Deu-me uns pacotes de pó de café. Um abraço bem apertado.

Minha lembrança dele agora não é mais a de um homem acuado pela possibilidade do fim. O que ficou comigo foi um homem forte, bonito, entrando no elevador e dando um tchau sorrindo, como quem diz:

– Eu precisei morrer algumas vezes para nascer de verdade.

Mário é a minha imagem para 2017.

Superação.

Frágil

O espaço entre o viver e o morrer pode ser o
    [mesmo entre o café da manhã e o almoço.
Você está aqui agora e logo em seguida não mais.
O choro, o grito, a dor que dilacera, que emudece.
Você se foi. Ele ficou.
E nenhum dos dois entenderá nada.
A rotina quebrada ao meio.
A caneca ainda está suja de café em cima da pia.
O fim sem propósito.
Que não justifica e nem pede nada.
Algumas mortes são de uma bestialidade
    [assustadora. Um dia vamos embora.
E deixar de existir fará toda a diferença.
Hoje,
Se tiver que fazer o bem, faça.
A vida é frágil,
Tão frágil,
Que você se nega o tempo todo
A encarar sua fatalidade.

ELAS

Para vocês duas, que não entendem nada e assim
    [entendem tudo
Uma delas tem medo de terapia
A outra não
Uma delas adora funk
A outra não
Uma delas é carente
A outra também, mas finge que não
Uma delas ama literatura
A outra, teatro
Uma delas perdeu demais
A outra ganha em excessos
Uma delas chora
A outra ri
Uma delas fuma na janela
A outra não curte alcatrão
Uma delas é questionadora, revolução
A outra, olhos gulosos, observa quase
    [cientificamente
Uma delas é ruiva
A outra não
Uma delas quer sumir no mundo
A outra, o mundo já desapareceu em si
Uma delas fala manso, sonolenta
A outra fala com ligeireza
Uma consegue perceber a loucura nos outros
A outra é a própria sandice
E assim eu fico aqui escrevendo sobre vocês

Iguais e tão diferentes
Imagem reversa de um espelho quebrado
O encantamento de opostos
Que só querem amor.

O MENINO QUE NUNCA CRESCEU

Quando Jesus era menino
Ele só queria brincar
Disseram que que como sina
Tinha que salvar o mundo
Tiraram a graça da criança
De repente correu descalço e sujo ficou
De puro desânimo
Quando cresceu viu que a crueldade era infinita
Os homens são pobres iludidos
Tentou a todo custo ensinar o amor
É claro, é óbvio
Foi ignorado
É mais interessante
Chama mais atenção
Dá mais ibope
Assassinatos, sangue
Felicidade lá vende jornais?
Insistiu ardentemente nessa ideia de comunhão
Andou perdoando putas
Valha-me, pois!
Foi traído, foi vendido, foi talhado na cruz
Metaforicamente ou não
Dois mil anos depois
E Jesus continua por aí
Salvando o insalvável
Os homens criam seus heróis à sua imagem e
 [semelhança
Projeto em ti minha podridão e a venero

Assim é melhor?
Não
Mas não sabem fazer de outra maneira
É culpa demais nas costas e no coração
Perdoai
Mas alegria, bondade e gratidão
Não dão *likes*
E estamos todos cansados
Do indivisível
Fracasso
Os homens só desejam
Assim como o menino
Ser criança de novo
E dormir em paz.

Origami

Pegando acesso venoso central em um paciente acordado:

– Isso vai doer?

– Não. Vou anestesiar.

– E é necessário?

– É sim, o senhor precisa de uns medicamentos que só posso dar por aqui (mostro o cateter para ele).

– Tudo bem então.

Durante o procedimento...

– Sabe o que é pior aqui dentro, doutora?

– A comida? (tentei brincar...).

– Não. À noite eu não durmo, e fico ouvindo a respiração artificial do meu vizinho aqui do lado. Vejo a dificuldade que vocês têm com ele.

Continuei ouvindo e pensei: *Agora vêm as perguntas desconcertantes que eu nunca sei responder direito.*

– Ele vai morrer. Sinto cheiro de morte daqui – ele disse. – Mas tenho receio de que esse cheiro também seja o meu.

Nessa hora parei o que estava fazendo e olhei para ele. E vi um olhar assustado, de uma criança de quatro anos em um homem de 67.

Ficamos em silêncio durante um bom tempo.

– Você tem medo de morrer, doutora?

(nem minha terapeuta chegou nessa fase comigo, mas vamos lá)

– Tenho sim. Acho isso natural quando se gosta de viver. Mas não penso muito na minha morte.

– Na minha, por exemplo?
– Penso, na sua eu penso. Eu preciso.
Terminei o procedimento. Ele agradeceu.
Antes de ir embora ele me chamou no box e me deu um pássaro de origami que ele mesmo tinha feito.
Guardei dentro de um livro que hoje, ao arrumar meu escritório, achei. Já faz dois anos.
Ele morreu 20 dias depois da nossa conversa.
O origami de pássaro, frágil, foi além dele.
Guardei de novo. Fui fazer café pensando naquele olhar. Aperto no peito. Aquela sensação de saudade que alguns pacientes me dão e demora a passar.

Denise

Ela gritou.

Estava confusa, imersa em seu *delirium* hiperativo. Chegou naquele ponto lamentavelmente triste em que não se conhece mais ninguém.

O olhar assustado, parado. Teve que ser contida química e fisicamente. Já não era mais dona de si.

Denise, 58 anos, mas poderiam ser 18 pela alegria que tinha pela vida.

Foi solapada por um câncer de ovário.

Arrancada da sua vida de agitação calculada.

Era dona de um bistrô e maratonista. Corria, corria e corria.

Era fogo e luz.

Um dia começaram os desconfortos abdominais. Como não era mulher de se envergar à toa, deu de ombros. Ignorou. Depois vieram os inchaços na barriga, dos quais ela ria dizendo que estava ficando uma velha gorda. Mas longe disso, ela emagrecia, sem fome. Os clientes no bistrô começaram a se preocupar. Parou com as corridas. Estava fraca. Quando um dia acordou e se olhou no espelho, viu que estava com os olhos amarelos. Chorou, chorou muito sentada no chão do banheiro abraçada em si mesma. Sabia o que estava por vir. A mãe também morrera "daquela doença" e ela tinha medo.

Ligou para a única filha que morava na França, era fotógrafa.

Disse que precisava de ajuda. Denise era daquelas mulheres feitas de um material muito resistente, dignidade. Quase nunca pedia auxílio.

Procurou o médico e o diagnóstico, depois de uma extensa propedêutica, veio certeiro: câncer de ovário com metástase hepática, estágio avançado. Propuseram tratamento paliativo.

Denise não conseguia pensar, um silêncio abafado tomava conta de si. O médico diante dela falava, explicava em termos técnicos, mas ela não estava mais ali. Não estava mais em lugar nenhum. Desejou ser outra pessoa. O corpo, de uma hora para outra, tornou-se um grande incômodo.

Acima da cadeira do médico, na parede, havia um crucifixo. Jesus estava lá, abandonado e morto. Ela olhou fixamente para ele e teve pena. Pena de Jesus, pena de si mesma, pena do médico ali na sua frente. E pensou: *Então é isso, estamos todos perdidos.*

Mesmo sem ouvir o que o médico dizia, agradeceu e saiu. Nunca mais voltou.

Comprou os analgésicos potentes e escolheu passar o fim que tinha da melhor maneira que pudesse.

A filha veio, resiliente como a mãe.

O bistrô continuou sendo aberto todos os dias. Denise, mesmo fraca, decrépita, atendia aos clientes, que eram mais que isso, eram amigos. Bebia vinho com eles. Fazia troça da própria condição. "Dizem que no inferno não deixam entrar bebida alcóolica".

A filha registrou seus momentos finais em fotos, repletas de sensibilidade.

Um dia Denise acordou confusa. Levaram-na ao hospital. Já estava entrando em encefalopatia hepática. O fígado já não dava mais conta do recado.

Apesar das medidas de suporte, já não era mais ela. A confusão, os devaneios, a agressividade tinham tomado lugar. Veio a sepse, veio a entubação, as sondas. Veio a falência renal e veio também o pedido da filha: "Deixem ela descansar".

Denise foi com o rosto de paz, aquele semblante calmo de quem gostou de viver, de quem entendeu o exato momento de sair de cena.

O sono sereno do propofol, o descanso de um corpo tão cansado de citocinas e inflamação. O cessar do tum-tá cardíaco. A linha reta no monitor. O horário exato da partida.

Denise, acredito que, corredora que era, foi correndo de Nike para o céu. Sem dor. E lá chegando, deve ter tomado seu Cabernet Sauvignon...

Livre de tudo.

MULHERES

Ela chegou cansada, tirou o sutiã
Ela tem cinco filhos e boletos para pagar
Ela é uma arquiteta famosa
Ela atende a seus pacientes com dentes amarelos
    [de cafeína
Ela faz agachamento na academia e se olha
    [orgulhosa no espelho
Ela é boa de briga
Ela dança com Freddie Mercury
Ela toma psicotrópicos e tem cicatrizes nos pulsos
Ela chora debaixo do chuveiro depois da segunda
    [separação
Ela ri tão tímida e bruxa, feitiços
Ela fuma olhando vagamente pela janela os carros
    [na rua
Ela faz sapateado
Ela tem olhos de amêndoa
Ela aposta corrida com o filho e ri
Ela se olha no espelho pensando na nova tinta
    [de cabelo
Ela reza seu terço, contando suas ave-marias com
    [dedos tortos de artrose
Ela planeja sua viagem, planta sonhos no vento
Ela não lida bem com sua ansiedade, insônia
Ela perdeu a filha em um acidente
Ela é feliz no casamento
Ela faz medicina, mas queria ser atriz
Ela é a mãe descolada e batalhadora

Ela faz mousse de maracujá para a namorada
Ela escreve
Ela deita nua no chão da cozinha
Ela olha à noite o céu repleto de estrelas e pede
    [por quem não está mais aqui
Ela educa
Ela grita e abraça apertado
Ela é louca
Ela é mágica
Cada uma delas é você
Seres estrogênicos
Mulheres
O bicho doido
O bicho forte
O bicho suave
O amor
A dor
Flor.

La petit

Ela comprou um fusca 66
retrozinho, lindo
Verde-abacate
E o fusca só dava problema
Gostava de coisas velhas
Os namorados eram todos velhos
Sentia cheiro de saudade
Gostava de escrever cartas
Imagina
Queria viver no futuro da década de 1970
Quanta ilusão!
O futuro chegou e continuamos medievais
Todos os dias queimando as bruxas de sempre
Faz bola com seu Bubbaloo
Olha oblíqua
Tenta ouvir Bee Gees outra vez
Impaciente que anda nos seus 25 anos
Parecia que o mundo era mais fácil quando o
     [único medo era a Guerra Fria
Hoje os medos são outros
Estão sentados aqui do seu lado
Incutindo-lhe ideias perigosas
O inimigo agora ri para você
Com uma inocência indecente.

O TEXTO, SEM CONTEXTO

O texto perfeito seria o que falasse de quê?
De amor?
De alegria?
Da fórmula mágica da felicidade?
Da previsão do tempo?
De uma receita nova de omelete *fit*?
O que você gostaria de ler?
Sobre vida de alguém?
Política?
Não, o texto inimaginável tampouco falaria
 [de Deus.
Não falaria de guerras.
O texto perfeito não está na Bíblia.
Não se encontra nos grandes clássicos da
 [literatura mundial.
Poderia ser sobre arte?
O texto ideal seria uma maneira de como
 [enriquecer?
Um tratado de paz entre os povos?
A constituição impecável de um país civilizado?
O texto perfeito não tem perguntas.
Não tem respostas.
Não segue ditames.
Nem teorias ou hipóteses.
Foge à psicologia ou teologia.

É livre. É mudo.
É silêncio.
É o sono daqueles que são justos e sonham com um mundo melhor.

Ponto de equilíbrio

– Qual o problema com a morte?
– Nenhum. Minha questão é com a vida.
(... silêncio...)
– Não tenho a menor ideia do que fazer com ela.
Dei a partida no carro...
Ela olhou para a chuva...
Eu também estava perdida.

Girassol e pó

Jogaram uma flor bem em cima do caixão. Caiu
    [pesada, não era uma rosa; era um baita
        [girassol imponente
Do céu caía uma chuvinha preguiçosa,
Incompetente
A morta perdeu essa cena
O ritual de passagem para um mundo de deuses
    [festivos
Assim espero, porque não acredito numa
    [divindade só
Meus deuses acordam a hora que querem
Meus deuses são boêmios
Minhas deusas usam cinta-liga
São de uma liberdade estonteante
Humanos estúpidos que somos
De uma concretude bestial
Fugimos do sossego
Fugimos do prazer infantil
Quanto mais pesada a cruz
Mais aceitação social teremos
Daí surge um emaranhado de conflitos
Obsessões, compulsões e vícios
Aquele suicidiozinho diário
Aquela raivinha cultivada com esmero
A morta do caixão foi uma dessas
Antes dos 50 encantou-se
Perdeu a cena do girassol
Não esse que foi lançado sobre si

Mas aquela cena em que ela corria pela plantação
 [deles na viagem que cancelou
Na mensagem do santinho vão dizer uma
 [bobagem qualquer sobre ela
Mensagens de seu papel empenhado socialmente
Nenhuma frase em que se lê: louca por girassóis
Cerrou os olhos
Virou adubo
Virou pó
Que os deuses a recebam com a alegria que a
 [tudo perdoa
Se não nos damos aqui, eles, na sua infinita
 [comiseração, lhe darão lá
Uma breve paz
Um enlevo
Um aconchego
Um jardim só seu.

LIBERTINA

Libertina, era esse seu nome. Tinha 88 anos. Na minha imaginação, que não é pouca, eu penso coisas. O nome dela me é uma palavra sonora, de significado gostoso e me faz carinho nos ouvidos. Eu a conheci comendo uma torta de chocolate. Ela. Eu estava só no cafezinho amargo mesmo. Padaria cheia, sem lugar disponível para sentar, perguntou sorridente se podia sentar comigo. Claro, mesmo se não pudesse, não sei falar "não" para gente com infinitos outonos. Tenho um apreço especial por quem viveu bem mais do que eu.

Perguntou meu nome. Falei. Olhou-me com cara de: "Nossa, a pobrezinha tem nome de gente velha". Perguntei o dela: "Libertina". Contou-me, rindo da confusão do nome. No dia do seu nascimento tanto o escrivão quanto seu pai estavam bêbados. Seria Albertina. Traquinagens à parte, deu nisso. Tinha o cabelo grisalho tendendo ao roxo, a tinta não pegou. Olhinhos úmidos e curiosos, pretos. E um sorriso de menina arteira. Especulou minha vida com aquela simpatia de quem entende do riscado de conversar. Era tão sedutora na conversa que por pouco não passo minha senha do cartão para ela. Foram 20 minutos de uma estranha sensação de conforto na alma. Como se de alguma forma já a conhecesse.

Meu sanduíche natureba cheio de 148 grãos chegou. Ela riu. "Quando você for dinossaura como eu, vai aprender a comer". E deu uma colherada generosa na torta. Libertina até no paladar. A filha chegou. Fomos apresentadas. Agradeceu a companhia "maravilhosa". Foi embora com seus passinhos miúdos de velha. Quando pedi a conta, informaram-me: "Sua avó já pagou".

Delicadezas de um mundo antigo com as quais não estou mais habituada.

É pura libertinagem.

Insólito

Viver é...
Um constante preencher de segundos
Com alegria
Com sono
Com trabalho
Com café
Com raiva
Com preguiça
Com sexo
Com comida
Com bebida
Com gente
Com fome
Frio
Solidão
Gargalhadas
Silêncio
E, se você tiver sorte, e um pouco de fé
Vai, paulatinamente, costurando
Existindo, se der
Depois de vários vazios
A tampa do caixão se fecha
E fica tudo escuro
Outra vez
Morrer não é chato
Sustentar sonhos é que é o problema.

VEJO VOCÊ

O cachorro manco morre
A luz morre
A orquídea roxa morre
O paciente com câncer de pulmão morre
O político corrupto morre
O pedreiro preso no andaime morre
A garota de 17 anos na linha vermelha morre
A esperança (quase) morre
O bêbado tropeça e morre
A puta de vestido azul rasgado morre
O padre, depois de 47 pai-nossos, morre
Santo Antônio morre
O anjo cansado e caído morre
O boxeador aposentado morre
O pardal sem rumo bate no fio e morre
Eu morro (todos os dias)
Mas...
Por alguma razão você, fumando distraidamente
      [como James Dean
Vagando absorto
Parece-me, verdadeiramente, a única coisa
Viva.

Tente, mil vezes

O que fizeram com você?
Essa casca grossa
Esse humor volúvel
Esse retraimento no canto de qualquer lugar
Lugar esse dentro de você
No canto escuro de si
Houve amor
Mas houve muita dor
E você precocemente teve que escolher
Não te ouviram
Faltou abraço
Sobrou saudade
Tentou florescer sua alma
Pisaram
Você resistiu
Armou uma barricada em torno dos seus sonhos
De lá ninguém sai, ninguém entra
Chorou sozinha
Negou a mão estendida
Apagou a luz
Não sabia rezar
Conversou torto com alguma divindade
Desespero
Abra a cortina
Deixe o sol entrar em você
Molhe o seu esterco
Sua aridez

Existe vida
Existe pulso
Durma
Amanhã você pode tentar
Outra vez.

O DIA SEGUINTE

Morrer é apenas não ser visto
Saudade é dor fina
É corte no dedo com papel.
É silêncio de madrugada
Telefone na caixa postal
Poeira nos móveis
Choro entalado
Lágrima teimosa que não cai
É café esfriando sozinho
Memória submersa
É cheiro de roupa guardada
Abraço vazio
O som dos segundos no relógio de parede
Sua foto amarelada
É suspiro longo e manso
É a vontade não consumida
É a porta que não se abrirá mais
É chinelo largado, sem pé
Aquela piscada de olhos, cúmplices
Esquecida
É frio
Morrer é a parte mais inusitada de existir.

Sapiens (?)

Deus espalhou vários de nós por aí
Querendo gargalhar, inventou cabeças várias
Deu briga
Deu tiro
Deu morte
Falta de aceitação
O meu branco não combina com o seu preto
Escravidão
O meu sexo é mais forte que o seu
Submissão
O meu dinheiro vale mais que o seu
Colonização
E ninguém foi feliz de fato
Só uma parte sorria
O plano deu errado
A justiça plena ficou utópica
Não fomos irmãos
Seremos?
O amor ficou no mundo dos sonhos
E nessa confusão ninguém dorme
De medo.

Evy

Ela pintou o cabelo de vermelho
Fogo
Porque sentia necessidade de mudança
Constante
Camaleoa
Se cansa às vezes da vida
Fuma um cigarro
Bebe uma cerveja
Fala um palavrão
E começa tudo de novo
Não é dessas de choro e cama
É dessas de liberdade azul
Pode parecer meio louca
Arlequina
Pode destruir uma cidade
Mas não destrói sonhos
Se respeita
Se supera
E amanhã
Outra vez
Outro sorriso
A vida continua
A vida exige
Ela sabe disso
E aceita.
Viver é movimento e cor.

Morfeu

Enquanto você dorme
Coisas grandiosas acontecem
A celebração da vida
Seja lá o que isso quer dizer
Alguém pega um cateter central
Um bêbado toma sua garrafa de Jack Daniel's
O lixeiro limpa a cidade
Ela, para não morrer
Toma seroquel
Em algum ponto
Pessoas riem alto
Enquanto você dorme
E acredita que o mundo é justo e bom
Não é
Mas fingimos bem
Não acha?
As crianças quando crescerem
(se crescerem)
Descobrirão todo o teatro
Dos vampiros
Enquanto você dorme
O padeiro faz o pão
O ladrão pula o muro
E a puta corta o braço com um caco de vidro
Brigas de bar
Enquanto você descansa seu corpo
Sono R.E.M.
Alguém acende uma vela e faz uma oração

Um choro de bebê é ouvido no meio da
    [madrugada
Silêncio
Eles dormem
As almas inquietas não
Essas sonham
Acordadas.

Postumamente

Depois que você se for
Suas unhas continuarão crescendo
Seus cabelos também
Depois que você se for
Haverá lamentos
Algumas lágrimas
Suas roupas serão doadas
O mundo continuará fazendo rotação e
      [translação
Depois que você se for
Talvez te visitem no dia 2 de novembro
Deixarão flores de plástico
Fecharão sua conta no banco
E falarão bem de você
Depois, muito depois que você partir
Ninguém lembrará mais de ti
Dias nublados continuarão deliciosos
Sem você
O vento vai bater suave na janela
E tocará a campainha do vento
Um latido será ouvido no apartamento ao lado
Uma sirene, talvez
Em um lugar qualquer...
Anos depois que você se for.

O hiato

A angústia começa quando
Inquieta
Sua alma não se identifica
Você, por um capricho
Não se acha
Se pergunta: é isso mesmo?
E, se de repente, não fosse essa vida?
Ele te cutuca
À noite, você sozinho no quarto
Chora
e pensa
Onde foi a encruzilhada...
Entrei na contramão e não vi
Eles disseram que teria que ser assim
"dá dinheiro"
A vida baseada em papéis coloridos
Você ouve sua alma gemendo
Um soco surdo no estômago
Uma sensação quase de fome
Mas o vazio é outro
Você se vira e olha para a parede branca
Desce uma única lágrima
E se...
Não
O fator tempo pesa
Por isso escolhas são necessárias
Escolhas doem
Corte com caco de vidro

O sangue escorre
Ainda dá para ser várias coisas
Entre o primeiro choro
E o *gasping*
É devagar que a vida vai dando certo.

Porque eles não envelhecem

Primeiro veio o medo
E você desistiu
Depois veio o tempo
E você parou
Um dia veio o conforto
E você deixou de sonhar
Atrofiou
Olhava para o espelho e via outra coisa
Menos você
Que ficou perdido lá atrás
Junto com seus sonhos
Delírios de um tempo bom
Só que talvez não te avisaram
Sonhos são pulgas
Coçam
Incomodam
Esperneiam
E se você
Distraído e bobo
Não os realiza, eles
Por pura implicância e maldade
Se transformam em dor
Insônia e depressão
Não queira isso para sua alma
Algumas coisas esperam por nós
Um ciclo precisa se fechar

E quando um sonho é realizado
Anjos sorriem
E festas acontecem
No infinito.

Zeca, o Zeus

Quando Deus se descobriu
Sozinho no universo
Entediado
Andou fazendo experiências
Criou as bactérias
Não achou graça
Pensou mais um pouco
Inventou os peixes
De sacanagem, fez os golfinhos
(que não são peixes)
Mesmo assim se sentia irritado
Se esforçou mais
Criou os dinossauros
Começou a ter prazer na criação
Cansado de bichos
Fez a cachaça
Bebeu
Criou o macaco
O macaco fazia Deus dar boas risadas
Fazia gestos indecorosos e arreganhava os dentes
Deus, como um meninão
Brincava com o macaco
Um dia, ousadamente
Inventou o homem
Pobre Deus
Nesse dia seus problemas começaram
Deus, para esquecer
Fez o vinho, várias modalidades de uva

Continuava rindo quando bebia
Quando chegava a ressaca, chorava
Como um marido traído
Desanimado, tirou férias
Dependurou uma placa no céu
"Volto em breve"
Lá se vão bons anos...
Ninguém mais o viu...
Quem está tomando conta?
O macaco
Com gestos obscenos.

Epitáfio

Quando eu morrer, se possível antes dos 70
Muitos dos que eu gosto já terão há muito partido
Envelhecer talvez não tenha tanta graça por isso
Quanto mais velho mais só
O que não chega a ser algo ruim
Se você acredita no "depois"
Ir pode até ser interessante
Se você acha que tudo se resume a isso aqui
Ao mundo demasiadamente cru e nu
Ir também não será um problema
Visto que no pior das hipóteses o sono será
Eterno
Dormir para sempre
Deve cansar
Escaras no infinito
Mas enfim
O chato de morrer deve ser
Não tomar café de manhã
Não sentir cheiro de chuva, terra molhada
Nem ouvir o som de uma boa risada
Viver tem lá suas miudezas prazerosas
Tão renegadas a segundo plano
A morte é diária
Devíamos fechar a tampa do caixão
Uma única vez
Mas fechamos todos os dias.

Meu querido Buk

Ela queria um livro dele
Um livro raro
Apaixonou-se pelas histórias
Ele era meio que nem ela
Um espectador embriagado da vida
Ele se chateia e bebe
Ela fica triste e fuma
Andam bem no vício
Não se prendem a nada
Para quem?
Isso o fez feliz?
Ela também acha que não
Poderiam ter se conhecido
Em um pub
Ele adoraria a voz mansa e a boca grande dela
Ela, por sua vez, seria atraída pelo ar de
 [indiferença dele
Só há um detalhe
Trágico
O tempo
Separou os dois
Ela nasceu no dia em que ele morreu
E nada é mais certo que isso...
O dia de chegada e partida de alguém
Nada é mais certo do que
A saudade não resolvida.

MADRUGADA PLÚMBEA

O menino levou um tiro
Saída da balada
Transfixou o crânio
Aquele estalido surdo
O sangue espesso escorrendo pelas têmporas
Caiu no chão, pesado
Soltou a mão dela
Acabaram de se conhecer
Nem vai dar tempo de saber a minissérie
    [favorita dela
Ou dele dizer que curte Coldplay
Aquele chumbo não era para ele
Causas externas
Anos de vida perdidos
Violência
Entrou para os números do IBGE da pior maneira
Alguém hoje não volta para casa
A morte plúmbea
Não anunciada
Na madrugada
No som de um DJ ao fundo
Luzes psicodélicas
E ele estirado no chão
Gosto de vodka na boca misturado com o
    [beijo dela
O que se ouve são gritos pedindo socorro

O que se vê são os olhos castanhos dela de puro
    [desespero
Foi
Tão rápido quanto a alegria que teve ao
    [conhecê-la.

Evolução

Não é o que você pensa
É o que você faz
Não é o que você diz
É como você age
Não é como você sente
É como você mostra
Não é o cigarro que você acende
É a tragada que você dá
Não é o "eu te amo"
É o "eu vim te ver"
Não é a mensagem no WhatsApp
É o interfone tocando...
Não é o bilhete no bar
É o olhar que convida
É muito simples
Ações
Se na seleção natural
Desde os tempos mais remotos
No mar amorfo
Bactérias não trocassem seu DNA primitivo
Se os homens das cavernas não atritassem as
      [pedras
Sem fogo
Se na Idade Média não houvesse Joana d'Arc
Guerra dos Cem Anos
Se não fosse Luther King na década de 1960
Liberdade
Se não fosse Alexander Fleming

Penicilina
Se não fosse Freud...
Pulsões, ego, id...
Tente,
tente,
tente,
pense...
Faça
O mundo precisa girar...
E precisamos ser melhores
do que já somos.

Canteiros

No meio do deserto de cada um
Dá para enxergar
Uma flor
Uma plantinha frágil
Que pode deixar de existir a qualquer momento
Dentro de você
Existe essa necessidade constante de "água"
A água pode ser qualquer coisa
Deus, conhecimento, dinheiro, amor, família
Mas você também precisa adubar sua flor
Deixá-la com brilho próprio
O seu brilho
Dentro do seu deserto existe uma flor
Uma orquídea
Um lírio
Uma rosa
Um crisântemo
Uma margarida
Há dias de tempestade
Há dias primaveris, de sol
E há um constante outono
Aprecie a flor dos outros
Tire o sapato ao pisar no deserto alheio
Não arranque
Apenas cheire
Cuide da sua flor
Desfaça sua cerca
Deixe um vento fresco

O deserto de cada um
Ao se juntar a outros desertos
Pode, de repente, virar um jardim
E flores áridas
Voltarem a sorrir.

A PARTIDA

Alguns pacientes, surpreendentemente, antes de fazerem a passagem, veem entes queridos que já se foram.

Pode ser uma reação neuro-hormonal; descargas elétricas em um cérebro combalido, dirão os mais céticos.

Pode ser que seja a generosidade de Deus, liberando aqueles que amamos para uma ida menos dolorosa.

E pode não ser nada disso.

Mas, como espectadora, conforta-me assistir a esses momentos.

De pura fragilidade.

De delírio.

De entrega e aceitação.

Morrer é tão vasto.

A morte deveria ser mais respeitada.

Morrer é viver, do avesso.

Extremos

Ela fez xixi na fralda
Ele também
Ela não consegue comer sozinha, engasga
Ele também
Ela solta gritinhos e gargalha despropositada
Ele também
Ela chora de repente, sem motivo
Ele também
Ela tem fome à noite
Ele também
Ela não anda mais, pernas fracas
Ele engatinha, levanta e cai
Ela olha para seus filhos e não os reconhece mais
Ele olha para os seus pais e já sabe quem são
Ela tem Alzheimer e 82 anos
Ele tem oito meses e uma Pepa de pelúcia
Ela segura o neto nos braços
Um olha para o outro e sorriem
Que esse momento fique eternizado para os dois
Extremos tão frágeis
Um dia ela irá
Um dia ele será homem feito
Não se lembrará de nada
(Hipocampo traiçoeiro)
E o amor nas pequenas coisas
Se dissipa
No ar.

MARLBORO, BAIXOS TEORES

Toda vez que ficava triste, nauseada
    [existencialmente
Acendia um cigarro
Deitada na rede, pés soltos
Via longe
Pensamentos confusos
Embora um só importasse
Não se dava mais o direito de choro
Era dura demais para isso
No rosto não desciam lágrimas
No céu
Subia
Fumaça
Estrelas só são vistas por quem
Consegue
Alcançá-las.

Ester

Em tempos de desesperança
De pessoas de almas pútridas
De valores distorcidos
E interesses frugais
Em que o vil metal é o que mais importa
Ver uma criança, banguelinha, comendo papinha
Engatinhando
Dando gritinhos de alegria
Me dá uma paz enorme
Quase que uma crença de que temos jeito
E meu niilismo
Minha tristezinha
Some
Esvai-se
Eu olho para ela
Ela esperta
Olha para mim
Olhos grandes e curiosos
Está descobrindo o mundo
Que mundo?
Só desejo de todo coração que ele seja
Melhor e mais pacífico para você
Pequena
Graciosa e
Linda
Estrelinha.

Geraldinho e seus risos

– Doutora, se a gente soubesse o que vem depois, talvez, quem sabe, fosse mais fácil, né?

– Se a gente soubesse, Geraldinho, como é o lado de lá... talvez fosse mais difícil.

– Eu queria que fosse um mundo sem dor.

– Houve muitas nesta vida?

Ele me olhou com olhos úmidos de velho.

– Um tanto bom, mas eu ri também.

– E como foi o riso?

– Aaahhhhhh, acho que começou desde pequeno. Tive sorte de ter um pai que parecia um palhaço e uma mãe que me cobria de mimos. Numa casa de oito filhos era um luxo. Meu pai trabalhava muito, não tínhamos muito o que comer. Veja bem a senhora, eram muitas bocas. Mas ninguém esmorecia, não.

– O senhor está com frio?

– Não, obrigado.

– E depois?

– O outro riso?

– É.

– Foi Antônia, minha dona, 52 anos de casados. Conheci Toninha numa festa de casamento de um primo. Ela 18, eu 25. Pensa numa mulher arisca. Demorei seis meses pra conseguir pegar na mão. Mas valeu a pena. Põe reparo nos olhos dela. Não poderia perder aquelas azeitonas verdes.

Parou de tremer enquanto falava dela... A respiração ia alentecendo.

— O terceiro riso...

— Meus filhos, que sorte eu tive! Roberto, Regina e Virgínia. Regina foi embora mais cedo; é o meu grande vazio. Mas Deus me deu anjos no lugar de filhos.

Antes que eu continuasse...

— O quarto riso são os netos... Tenho cinco. Ficam salientes quando vou visitar. Quando eu ainda podia brincar com eles. Entende agora, doutora, a minha pergunta?

— Claro que sim, Geraldinho.

— Apesar de toda dificuldade, da doença, dessa dor que quase não passa... eu sei que vou, mas bem que queria ficar. Onde é a ouvidoria para eu reclamar do meu prazo?

Eu ri, ele também.

E ao rir, desencadeou uma crise de tosse até escarrar sangue. Pediu-me desculpas por aquilo como se eu já não estivesse acostumada.

Apareceu a enfermeira com a morfina de horário.

— Sr. Geraldo, remedinho para dor.

— Obrigado, moça, mas conversei tanto com a doutora que me esqueci dela. Vou pular.

A enfermeira saiu sem medicá-lo.

— Geraldinho, gostei muito dos seus risos.

— E eu dos seus ouvidos.

Fui saindo...

Ele:

— Doutora, que você tenha muitos risos também. Sejam eles quais forem.

Eu quis desejar coisas boas para ele. O que se deseja para alguém com os minutos contados? Vida? Sonhos? Saúde? Sucesso?

Voltei e dei um abraço nele.

Lud

– Mais morfina?

Ele suava e gritava de dor. Rolava no leito. Coisas que me exasperam, apesar de ter aprendido a fazer uma cara de serenidade, são dor intratável e crise de asma.

Ele, sem conseguir se comunicar direito, dizia que sim com a cabeça.

Ludovico, o Lud, 55 anos, garçom, daqueles que sabem de cor o nome e a birita preferida dos clientes.

Nasceu para servir. Na vida pessoal e no trabalho.

Nunca se casou, sexto filho, cuidava dos pais idosos e do irmão deficiente. Era um ser querido. O telefone do CTI tocava o tempo todo, queriam saber de Lud.

Um dia depois do trabalho começou com uma dor incômoda no abdômen. Não valorizou.

– Doutora, quem é arrimo de família não sente essas coisas.

O tempo foi passando e veio a hiporexia. Continuou na lida diária. Servindo e tocando gaita na banda do bar.

Os clientes notaram o tom de pele amarelo de Lud. Foi intimado pelo patrão a consultar um médico, as pessoas já estavam comentando.

– Achavam que eu estava com HIV, doutora! Só porque perdi uns quilos.

– Lud, foram 20 quilos!

Na noite anterior à consulta, Lud cai no bar, uma dor lancinante, insuportável. Cacos de vidro, whisky e caipirinha pelo chão.

Lud foi levado às pressas para o hospital. Na propedêutica, diagnóstico impiedoso: câncer de pâncreas com metástase. Inoperável. Lud não chorava. Nos momentos de calmaria ria com seus dentes enormes e brancos de garçom simpático. Mas o olhar de Lud era escuro como um depósito de boteco. Um dia a crise álgica foi tamanha que pediu para morrer. Eu também desejei que ele morresse. Nossa última conversa foi...

– Doutora, a vida tem suas surpresas, não é mesmo?

– O tempo todo, né, Lud...

– Veja bem, doutora, exigem de nós responsabilidade sobre nossa vida, mas por que não sobre a morte? Eu preciso mesmo passar por essa dor sem fim?

– Lud, existem leis... e existem remédios para aliviar.

– Doutora, o que existe é a minha vontade de tocar minha gaita. Não quero saber de leis feitas por pessoas em plena saúde.

Liberamos a gaita. Era o mínimo. Só pedi para ele não tocar funk com aquilo. Fui prontamente atendida. Durante a noite só se ouvia o som dos monitores e a orquestra solitária de uma gaita só.

Dali a três dias Lud entrou em franca insuficiência respiratória por uma embolia pulmonar maciça e foi entubado para conforto. O conforto derradeiro.

O garçom gente boa, servil e resiliente, foi atender em outra freguesia.

E o som da gaita tocando *Chão de Giz* não sai da minha cabeça.

SERTRALINA

– Estou ansiosa...
– Hum.
– E eu nem sei o porquê...
– Ansiedade é isso mesmo. Não saber o porquê de um não sei o que e nem pra onde...
– E agora?
– Respira fundo, vai!
– Melhora?
– *Maybe*...
– Mas eu estou com falta de ar.
– Eu sei.
– Taquicardia
– Uhum
– Minha terapeuta acha que é porque tenho um desejo latente em ser amada e por isso me dou tanto, desenfreadamente.
– Ainda bem que somos neuróticas, né?
– Não entendi...
– Só queremos amor...
– Ou beber
(risos)
– Isso acaba?
– O quê?
– Essa angústia.
– Espero que não.
– Não?
– Se acabar um dia, termina nossa busca e os botecos todos fecham.

Ela riu.
– Tá se sentindo melhor?
– Acho que sim.
– Esses remédios...
– Que tem?
– Aumento a dose?
– Não...
(silêncio)
– Obrigada, viu...
– Pelo quê?
– Por me ouvir...
– Obrigada a você, por ser louca.
Riu de novo.
Eu vou sentir saudade da menina com TOC.
Da menina com sede e fome e desespero
De vida.

Uma vida clean

Um dia chegaram para ele e disseram que iria ficar tudo bem.

Ele acreditou. E nada disso aconteceu.

Ficou inquieto. Viu injustiça.

Quis questionar. Foi novamente convencido de que tudo estava sob controle. "Calma! Disso nós entendemos". Ele aceitou.

Um desconforto brotou dentro do seu peito.

As matizes eram as mesmas, ou pior, opacificaram.

Levantou a voz. Apontou o dedo. Deram de ombros. "Onde está sua juventude?" Ele se silenciou. O sol já não tinha o mesmo brilho. Nem a fruta, o mesmo gosto. Teve que suportar tudo com muitas cápsulas serotoninérgicas diárias. Quando estava próximo de fechar os olhos, desejou como último recurso nascer outra vez.

Queria de novo ser menino. Gritar. Brigar por algo que realmente valesse a pena. Desejou ardentemente o tesão de um vento frio batendo no rosto enquanto andava de moto. Sem destino.

As luzes apagaram.

Agora é o vazio completo.

É você com você mesmo.

Ele foi cobrado.

E não gostou do que viu.

Olhos tristes
De um fim melancólico
De uma vida
Nude.

Amarelas e vermelhas

A vida vai devagar
É mentira que o *tempus fugit*
As mudanças são desconfiadas como um mineiro
    [na porta de um bar
Esse relógio bobo, engolidor de vida.
Aonde vai o amor, a esperança persistente
Que nos faz suportar a rotina quente e assassina
Vê sua imagem no espelho
Contempla os seus desejos
Conservam ainda as cores vívidas!
Ou estão embotados como o seu olhar
Os sortudos, os leais, os injustiçados, os infiéis
Somos um só com várias matizes durante o nosso
    [existir
Que seja nos dado o perdão porque tudo que
    [fizemos é porque tentamos
Se fomos falhos no sentir, rudes nos modos
Tenha paciência
Nos liberte de qualquer afetação
Que o futuro seja terno, pleno, convidativo
Que sejamos felizes e reflexivos
Que bebamos juntos da mesma alegria
Como uma tarde outonal
Como as tardes de maio.

(para Adélia Prado, com carinho)

FONTE: Alegreya
IMPRESSÃO: RR Donnelley

#Novo Século nas redes sociais

novo século®
www.gruponovoseculo.com.br